Der Fußball

LOS SECRETOS DEL FÚTBOL ALEMÁN

EZEQUIEL DARAY

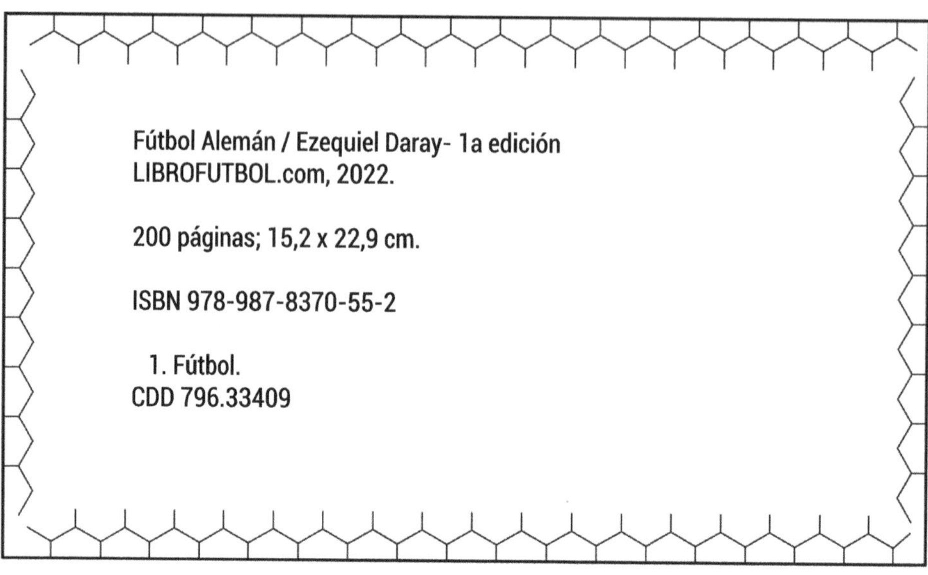

Fútbol Alemán / Ezequiel Daray- 1a edición
LIBROFUTBOL.com, 2022.

200 páginas; 15,2 x 22,9 cm.

ISBN 978-987-8370-55-2

1. Fútbol.
CDD 796.33409

FÚTBOL ALEMÁN
de Ezequiel Daray

Cubierta:
Luciano Medvetkin

Foto del autor: ©Ezequiel Daray
Fotos de maqueta: ©Ezequiel Daray, ©Michel Zeman, © DFL-Denkewitz

ISBN 978-987-8370-55-2

1ª edición: agosto 2022

 ediciones@librofutbol.com

 +54 9 11 2215 1982

librofutbol

Av. del Libertador 6898 – Nuñez – Ciudad de Buenos Aires – Argentina

Dedicado a:

Mi mujer, que me apoya en todas las locuras en las que me embarco...

Mis hijos, que llevan mis pasiones en la sangre y soportan mis ausencias...

Mis padres, que me extrañan a la distancia desde hace 10 años...

ÍNDICE

DIE EINLEITUNG [INTRODUCCIÓN] 7

CAPÍTULO 1

DAS LAND DER TAUSEND KULTUREN

[EL PAÍS DE LAS MIL CULTURAS] 11

CAPÍTULO 2

DER FUßALL GEHÖRT DEN MENSCHEN

[EL FÚTBOL ES DE LOS HINCHAS] 23

CAPÍTULO 3

VON KOPF BIS FUß

[DE LA CABEZA A LOS PIES] 37

CAPÍTULO 4

EIN GANZ BESONDERES UNTERNEHMEN

[UNA EMPRESA MUY ESPECIAL] 51

CAPÍTULO 5

DAS FUßALL WUNDER

[EL MILAGRO DEL FÚTBOL] 65

CAPÍTULO 6

DIE GROßBE RIVALITATEN

[LAS GRANDES RIVALIDADES] 83

CAPÍTULO 7

DIE GRÖßTEN INNOVATOREN

[LOS MÁS GRANDES INNOVADORES] 105

CAPÍTULO 8

DIE KNAPPENSCHMIEDE

[FORJADO DESDE ABAJO] 125

CAPÍTULO 9

EISERN UNION

[LA UNIÓN DE HIERRO] 139

CAPÍTULO 10

DER MANN, DER ALLES VERÄNDERT HAT

[EL HOMBRE QUE LO CAMBIÓ TODO] 155

CAPÍTULO 11

AUF DER SPUR DER BUNDESLIGA

[SIGUIENDO LA HUELLA DE LA BUNDESLIGA] 169

CAPÍTULO 12

DER GROBßE KAPITÄN

[EL GRAN CAPITÁN] 185

HORA DE DESPEDIRME Y SER AGRADECIDO 197

SOBRE EL AUTOR 199

DIE EINLEITUNG [INTRODUCCIÓN]

"Ve en línea recta hacia eso que quieras ser. No des pasos atrás, ni te disperses".

Lothar Matthäus

Sentado en el jardín de mi casa, con la compañía de un mate caliente, voy a comenzar a darme algunos gustos. Siempre quise escribir un libro y, de hecho, debo tener unos diez empezados, sobre los temas más variados. Por tanto, empezar a escribir este no es otra cosa que un placer. Y si llegó a sus manos significa que, de una vez por todas, pude terminar uno.

Otro de los gustos es que me hayan convocado para hablar de Alemania, mi segundo hogar, y del fútbol alemán. Este último tuvo en mi vida diferentes estadios. Empezó siendo un *hobby*, que se acrecentó cuando me mudé a vivir a este país, hace casi diez años. Luego, por cuestiones de la vida, se transformó en un trabajo, ya que me tocó contarle a Latinoamérica y a los Estados Unidos, desde 2015, qué es la Bundesliga. Y, finalmente, se transformó en una parte de mi vida, ya que, como casi un alemán más, vibro con los hinchas cada fin de semana.

El fútbol en Alemania es como la cerveza. El 90% de la gente ama ambas cosas. El resto las mira desde más lejos, pero las respeta. Para nadie pasa desapercibido que la Bundesliga y el 'oro líquido', son parte de la cultura alemana. Son una forma de vida que expresa el sentimiento de un pueblo que ha tocado el cielo y el infierno muchas veces, y siempre se ha levantado.

Como le contaba, empecé a trabajar con la Bundesliga en 2015, cuando la cadena para la cual reportaba adquirió los derechos de televisación en todo el mundo. Mi tarea era simple: cubrir los partidos, entrevistar a los jugadores y contarle al público lo que había pasado. Pero no transcurrieron muchas fechas para que mi tarea empezara a crecer, porque el objeto de mi trabajo mostró ser mucho más profundo de lo que, tanto la gente que me había contratado como yo, pensábamos.

Estadios repletos, fiesta antes y después de los partidos... Hasta ahí, nada anormal. Hinchas del Borussia Dortmund y el FC Bayern comiendo *pretzels* y bebiendo cerveza juntos en un gran Biergarten, como les llaman a los parques cerveceros en Alemania, era un poco diferente a lo que estaba acostumbrado a ver. Que el himno del equipo visitante suene en el estadio del local, que un club traiga un chivo o un águila a la cancha y la gente los venere, o que mil hinchas viajen en un tren a Berlín, organizado por el club para ellos, bebiendo cerveza y cantando durante seis horas sin parar, ya era algo fuera de lo común.

"Esto hay que mostrarlo", le dije a la gente de Fox Sports. Cumpliendo con su pedido, me reuní con los responsables de la Deutsche Fußball Liga (DFL), que es la empresa que organiza la Bundesliga, y me tocó contarles a diez alemanes la buena noticia. Habíamos decidido mostrar aquello de lo que todo un país se siente orgulloso a un público muy lejano, que no tiene la posibilidad de vivirlo.

Por alguna razón que desconozco, confiaron en nosotros. Así nació Das Ligahaus, el programa que produjimos entre 2016 y 2020, mostrando muchas de las cosas que ahora voy a contarle.

Durante 210 episodios nos sorprendimos, aprendimos y conocimos Alemania casi como ningún alemán puede hacerlo, conduciendo unos 250 000 kilómetros por las impresionantes Autobahnen, tal como se denominan las autopistas en este idioma, siguiendo la huella de la Bundesliga.

Por eso ahora, que empiezo a escribir este libro, siento la misma emoción que cuando grabamos el primer programa. Espero poder plasmar en estas páginas todo lo que he experimentado en estos años.

Le propongo hacer un viaje, pasando por varias estaciones, para meternos en el corazón de la cultura alemana: Der Fuβball. Y, como solía decir al comienzo de cada episodio de Das Ligahaus: "Este viaje, comienza así..."

CAPÍTULO 1

DAS LAND DER TAUSEND KULTUREN [EL PAÍS DE LAS MIL CULTURAS]

"No hay ninguna de las emociones humanas, desde las más sublimes hasta las más terribles, que no hayan experimentado los alemanes en su larga historia".

Diana Uribe, escritora e historiadora.

El fútbol es parte de la cultura alemana, como le contaba. Por tanto, para entender al fútbol alemán y lo que significa para esta gente tenemos que meternos brevemente en la historia de un pueblo que lo ha vivido todo. Alemania es la tierra de las mil culturas. Y no me refiero sólo a la reciente inmigración que trajo la globalización. Muchos años antes, desde los primeros asentamientos, pasaron por estas tierras las más diferentes civilizaciones y cada una dejó una pequeña marca en la forma de vida del alemán promedio.

No se preocupe que esto no será una aburrida clase de historia. Pero necesitamos entender el entorno, para saber que un Bayern München – Borussia Dortmund es mucho más que un partido de fútbol entre dos grandes rivales. De hecho, se conoce como el 'clásico moderno', porque no existió gran rivalidad deportiva hasta el siglo XXI. Pero si nos vamos muchos años para atrás, Múnich pertenecía al reino de Baviera y Dortmund fue parte del reino de Prusia. Dos monarquías que no podían ser más diferentes.

Baviera es tierra de campesinos, de buen poder adquisitivo, que viven rodeados de alpes, lagos y castillos medievales. La cuenca del Ruhr, en cambio, fue pionera en la industrialización del reino de Prusia, poblada por trabajadores de las minas de acero y carbón. La región fue destruida durante las distintas guerras y repoblada con inmigrantes turcos que venían a trabajar en lo poco que quedaba de las minas. Hoy es una de las regiones más pobres del país y de las más densamente habitadas.

Esta historia se ha trasladado al ADN de los equipos de fútbol que representan el orgullo de cada ciudad. "Mia san Mia" [Nosotros somos nosotros], dice el lema del Bayern München, como un grito de pertenencia a una región que se considera privilegiada, aún en la poderosa Alemania actual. Un pueblo de tradiciones fuertes, apegado a la religión católica.

El grito de guerra del Borussia Dortmund reza: "Echte Liebe" [Amor verdadero], como la frase que describe lo que siente la gente por un club que fue fundado por un grupo de jóvenes que se animó a desafiar a la iglesia y le puso Borussia a la nueva institución, en honor al nombre de la cerveza que se encontraban bebiendo en el bar en el que estaban. Lo interesante es que esa palabra, en latín, significa, 'Prusia'. Como vemos, la historia del reino fue parte de la concepción del segundo club más grande de Alemania, en cuanto a cantidad de socios.

Cuando se enfrentan Bayern y Dortmund es mucho más que un partido de fútbol. Simbólicamente, es un cruce entre los poderosos campesinos católicos de los alpes del sur y los castigados trabajadores protestantes que viven en una zona del país en la que el único gran atractivo es el fútbol. A pesar de eso, como le contaba en la introducción, ambas hinchadas son capaces de celebrar juntas la fiesta del fútbol, el que, por un día, hace que queden atrás tantas diferencias.

EL COMIENZO DE TODO

Alemania es una tierra culturalmente tan rica que pocos saben que fue aquí en donde se encontró al Neanderthaler. Uno de nuestros antepasados vivió hace más de 100.000 años en estas tierras y fue encontrado en el valle (Thal, en alemán) de Neander, cerca de Düsseldorf.

En el sur del país se hallaron las que se consideran las primeras creaciones artísticas de la humanidad, con más de 40 000 años de historia. Primitivos instrumentos musicales, hechos con los huesos de las patas de las aves, pueden visitarse hoy en distintos museos, no muy lejos de Stuttgart.

Los Celtas habitarían estas tierras, las que luego serían parte del Imperio Romano, lo que marcaría una influencia cultural que aún persiste en muchos aspectos de la vida diaria. Los romanos trajeron el vino blanco al oeste de lo que hoy es Alemania y dejaron legados como la ciudad de Köln, que en español conocemos como Colonia. Hace más de 2000 años, esta emblemática ciudad, fue uno de los asentamientos más al norte del Imperio, nacida bajo el nombre de Colonia Claudia Ara Agrippinensium. Nota al pie: hoy nos perfumamos con un líquido llamado colonia, porque ese producto se fabricó por primera vez en esta ciudad.

Las tribus germánicas, de orígenes muy diferentes, fueron ocupando distintos terrenos de lo que hoy es Alemania, ha-

ciendo retroceder a los romanos. Estos son considerados los antepasados de los alemanes actuales, provenientes, en su mayoría, del norte de Europa.

A los romanos los sucedió Carlomagno, quien formó un imperio que duraría un milenio, transformado luego en lo que se conoció como el Sacro Imperio Romano-Germánico. Era una especie de sociedad entre el rey alemán y la iglesia romana, pero nunca llegó a ser una república ni a tener una identidad de nación. Esto seguía siendo un conglomerado de culturas.

Este aspecto, originado hace más de mil años, explica parte de las diferencias culturales de la Alemania actual y hasta del ADN de los clubes de la Bundesliga. Durante un milenio no hubo algo como un estado o un país alemán, sino que era una confluencia de reinos, cada uno con su propia idiosincrasia, bajo el mando de un emperador coronado por un papa en Roma.

Poco tenía que ver un bávaro con la cultura del norte y parte de esto se mantiene hasta hoy. Por eso aún hablan dialectos diferentes, comen otras cosas y tienen otras costumbres. Esos aspectos culturales son recogidos por los equipos de la Bundesliga, como le contaba anteriormente, y eso los hace muy diferentes entre sí.

Y para acentuar esto, hace cinco siglos surgió Lutero, un religioso que cuestionó a la iglesia católica y dio lugar a lo que luego fue el protestantismo, ayudado por la difusión que le dio la imprenta de Gutenberg, quien en Mainz descubrió algo que ya conocían los chinos, pero no había llegado a occidente. Lutero tradujo la biblia al alemán y fue así como el pueblo se enteró de que la palabra de Dios no era exactamente como la que algunos religiosos profesaban. Su legado dividió al reino entre católicos y protestantes y sería el germen de la guerra más sangrientas de aquella época, conocida como la Guerra de los 30 Años.

Por aquí también pasó Napoleón, quien terminó con el Sacro Imperio, tomando al suelo de la actual Alemania como parte central de 'su' aventura imperial. Incluso hoy se puede almorzar en un restaurante en Düsseldorf al que solía ir el pequeño gigante nacido en Córcega y sentarse en su mesa. Pero ese imperio, que no duraría ya mil años sino apenas una década, empezó su caída con la dura derrota que los aliados le propinaron cerca de Leipzig.

Luego de Napoleón, sobrevendría un caos político en la región, que se organizó bajo distintas formas de gobierno sin lograr nunca una unificación bajo un gobierno republicano. Prusia impuso su poder militar e industrial y comandó la formación del llamado Zweiter Deutscher Reich [segundo imperio] en 1871.

Un gobierno imperial que tendría muchísimos problemas y luchas de clases, y que se extendería hasta el final de la Primera Guerra Mundial, la cual marcó la caída de todos los grandes imperios europeos. Un efímero intento de formar un gobierno moderno surgió con la llamada República de Weimar, al mando del partido socialista. Pero las pésimas condiciones que estos aceptaron en la negociación del tratado de Versalles provocaría la llegada del Nacional Socialismo al poder, el fin de las instituciones y del estado de derecho.

El sueño de la república alemana se desvanecía para darle paso al Drittes Reich [tercer imperio] y el intento de expandirse por toda Europa, que desataría la Segunda Guerra Mundial. Años de sangrienta lucha terminarían con la derrota alemana y la destrucción total, no sólo del país, sino de los medios de producción y comunicación. Incluso Alemania debió lamentar la pérdida de gran parte de los jóvenes con capacidad de trabajar, con más de 25 millones de alemanes muertos.

Tras la Guerra, el mundo se puso a vigilar que nunca más un país pudiera intentar expandirse sobre otros, creando para tal efecto organismos como la Organización de las Naciones Unidas (ONU). Y, además, los ganadores de la guerra se dividieron el territorio, controlándolo política y económicamente.

El noroeste quedó en poder de Inglaterra, el suroeste fue para Francia, toda la región de Baviera para los Estados Unidos y el este quedaría en manos de Rusia. A las enormes diferencias culturales que cada uno de los reinos le habían impartido a la incipiente cultura alemana, se le sumaría ahora la influencia de estas cuatro naciones tan diversas.

Mientras tanto, un país sin hombres era reconstruido, piedra por piedra, por las mujeres, que sólo tenían deshechos militares para darles a sus hijos como juguetes. Las historias de la época cuentan que se agujereaban viejos cascos de soldados para usarlos como colador de pastas. Alemania empezaba a ponerse de pie, entre escombros.

Pero un desarrollo muy dispar entre el este y el oeste provocó la construcción de un muro de cuatro metros de alto, en 1961, para evitar que la gente huyera de la zona que controlaban los soviéticos.

Alemania sería dividida en dos, pero la parte oeste, llamada República Federal Alemana, tendría un rápido crecimiento y recuperaría su autonomía, transformándose en una potencia en Europa. En la fábrica de Volkswagen se comenzaron a producir los autos más modernos del mundo, las máquinas de coser Singer invadieron los hogares y en cada oficina empezó a haber una máquina de escribir Adler, provenientes de Frankfurt.

En la República Democrática Alemana, en cambio, la gente cobraba su salario en carretillas de dinero que no valía nada y utilizaba paquetes de cigarrillos como moneda de cambio. La situación era insostenible.

Las protestas, que comenzaron en Leipzig, provocaron una presión imposible de soportar y así terminaría cayendo el muro en 1989, en un hecho que el mundo entero vio por televisión. Un año más tarde, Alemania se reunificaba como una sola república y comenzaría el camino de desarrollo para llevar al este todo el poder que ya existía del otro lado de la Cortina de Hierro. Recién a partir de allí, Alemania empezaría a ser lo que hoy conocemos como tal.

¿Se aburrió mucho? Bueno, no es simple resumir en pocos párrafos más de dos mil años de cambios tan significativos que han dejado una huella en todos los aspectos de la vida de los alemanes, incluyendo al fútbol.

LA INFLUENCIA DE LA HISTORIA

Mucho antes del nacimiento de la Bundesliga, existían las llamadas Oberligen, que eran torneos regionales de fútbol. No había algo como una liga nacional.

Algunos de los hechos que relaté anteriormente comenzaron a forjar el ADN de los equipos y las rivalidades. Eran clubes surgidos bajo un mismo régimen político, en el mismo territorio, pero que hablaban diferentes dialectos, tenían una historia dispar y jugaban, de hecho, en ligas que corrían en paralelo, sin tocarse.

Dortmund y Schalke se detestan, no sólo por ser vecinos. Ocurre que se han enfrentado más de 150 veces, desde el final de la Primera Guerra Mundial, cuando el Schalke era uno de los equipos más poderosos de Alemania. Dortmund y Bayern, en cambio, recién se vieron las caras en 1965, cuando la liga alemana de fútbol fue unificada.

Por tanto, las diferencias de fondo son mucho más marcadas que las que podemos encontrar en nuestras tierras, ya sea en un River - Boca en la Argentina, un Universidad de Chile – Universidad Católica o un América – Chivas, en México.

Otro ejemplo es el de Colonia y Düsseldorf, que son dos ciudades vecinas y rivales. Pero esta no nació, como la de Schalke y Dortmund, en un estadio de fútbol. El 1. FC Köln y el Fortuna Düsseldorf, por cuestiones deportivas, se vieron las caras en menos de 50 ocasiones, en toda la historia. La rivalidad pasa por cuestiones históricas y culturales.

En el día a día, se miran por encima del hombro, y cada una tiene 'su' cerveza. Hay un sólo bar en Düsseldorf en el que se puede tomar la Kölsch. Y ni se le ocurra pedir en Colonia una cerveza obscura o nada que se parezca a la Altbier que producen sus vecinos. ¡De milagro no le piden el pasaporte cuando pasa de una ciudad a la otra!

Por eso, cualquier hincha del 1. FC Köln le dirá que su clásico rival es el Borussia Mönchengladbach, pero estarán encantados de que el Fortuna Düsseldorf pierda la categoría. La rivalidad con el Gladbach sí es puramente deportiva. Ambos equipos eran poderosos en los 70 y los clásicos del Rin eran verdaderas batallas.

Si vamos al este, notaremos que allí están redescubriendo el fútbol. Muchos hinchas de otros equipos critican la forma en la que el RB Leipzig fue creado, hace poco más de diez años, y en algunos aspectos no les falta razón. Pero ese proyecto le devolvió el fútbol a una ciudad de 600 000 habitantes (y a gran parte de la región), que no sólo no tenía un equipo que los representara, sino que, durante años, ni siquiera pudieron escuchar por radio qué pasaba en las canchas del otro lado.

Una de las primeras cosas que hicieron los habitantes de la zona este de Berlín, en gran parte hinchas del Union Berlin fue ir al Olympiastadion, en el oeste, a ver un partido del 'odiado' Hertha BSC. Era tal la desesperación por ver fútbol que, incluso, llevó a que la rivalidad entre ambos equipos quedara de lado durante mucho tiempo, porque había razones más importantes para estar unidos. Nunca hubo tanta amistad entre las dos hinchadas como durante la división alemana.

Estas diferencias históricas y culturales se manifiestan también en las costumbres culinarias. Prácticamente, cada ciudad tiene su plato típico y son de los más diversos. Los alemanes son famosos por las salchichas, podrá comer aquí tantos tipos de salchichas como regiones tiene el país.

El 'menú de cancha', por tanto, también dependerá de la región en la que se encuentre el estadio. Antes de ver al

Bayern puede comer una *Bratwurst*, una salchicha blanca asada, servida con pan, con una Weiβbier, una cerveza de trigo muy potente, inventada por los monjes para mitigar los días de ayuno. Si la salchicha la quiere con un pan, tendrá que solicitar un Semmel. En Gelsenkirchen, en cambio, en las afueras de la cancha del Schalke, se puede deleitar con unas *Currywurst mit Pommes*, una salchicha roja condimentada con salsa barbacoa y curry, servida con papas fritas. La bebida, en este caso, también es cerveza, pero una Pils. Y el pan no es un *Semmel*, sino un *Brötchen*. Le juro que es el mismo pan, pero trate de no confundir el nombre porque no les gustará.Las enormes diferencias se notan ni bien se despierta uno. En cualquiera de nuestros países debe haber dos o tres formas de saludar por la mañana. Decir "Hola" o "Buen día" es casi común en cualquier ciudad en Latinoamérica. En Alemania es bien distinto.

En el norte lo van a saludar con un "Moin-Moin", que se lo pueden decir tanto a la mañana como a la noche. Se cree que es un derivado, en dialecto, de la palabra 'morning', en inglés. La cuestión es que, en cada partido del Werder Bremen o el Hamburgo, la voz del estadio comenzará diciéndolo.

Una forma común de decir buen día es "Guten Tag". Pero, en la cuenca del Ruhr, en lugar de 'Tag' [día], dicen "Tach". Y, para saludarlo, hasta se evita el "Buenos" (guten). Simplemente le dicen a uno "Tach", y dese por saludado. Para el Borussia Dortmund, el día de partido no es un "Spieltag", sino un "Spieltach". Parece casi un error ortográfico, pero es un aspecto que los define. El dialecto recuerda aquella historia de la que le contaba.

En Baviera tienen mil formas de saludar por la mañana. Desde un "Grüβ Gott", que pretende ser un "Saludos de Dios", hasta un "Servus" [para servirle], que es tanto una bienvenida como una despedida. Aquí una cuestión muy importante: nunca le diga "Servus" a un hincha del Bremen o "Moin" a uno del Bayern porque puede tener problemas.

Para terminar de completar la multiculturalidad, muchos alemanes se despiden con un "Ciao", que suena también a "Chau". Esto lo tomaron de los italianos que, como le decía, desde la época romana han influenciado a este país.

PLANIFICANDO EL FÚTBOL ALEMÁN

En una cultura tan cambiante y con tantos problemas para unificarse, algo como una liga alemana de fútbol fue una utopía durante décadas, como le contaba antes. Si bien existían clubes deportivos fundados a finales del siglo XIX y principios del XX, la división política del territorio y las guerras hacían imposible la organización de un torneo nacional.

Pero aún después de la Segunda Guerra Mundial, cuando países como Italia, Francia o España contaban con una liga profesional de fútbol, en Alemania coexistían las cinco Oberligen que le mencioné, pero con una estructura casi amateur.

Una nota de color, para graficar lo difícil de la situación, es la historia del trofeo. Todos conocen el Meisterschale [plato del campeón]. Más que una copa, es un cuenco plateado, absolutamente original. Esta pieza de plata, que pesa 11 kilos y está valuada en 50.000 euros, tiene los nombres de todos los campeones alemanes, comenzando por el extinto VfB Leipzig en 1903.

Pero en aquellos tiempos, y hasta mediados del siglo pasado, el campeón no recibía un Meisterschale. El trofeo del fútbol alemán era una pesadísima dama alada, conocida como Viktoria, que hoy se encuentra en el museo del fútbol en Dortmund.

Esta impresionante copa, que rinde culto a la diosa romana de la victoria, fue ganada por última vez por el Dresdener SC, en 1944. Luego del final de la Segunda Guerra Mundial, como le dije, Alemania se dividió y el trofeo quedaría 'secuestrado' en manos de los rusos (otra versión dice que un berlinés lo escondió en su sótano para protegerlo). Por tanto, desde 1949, cuando se volvió a jugar al fútbol, se comenzó a entregar el famoso plato que hoy conocemos. El antiguo trofeo fue recuperado muchos años más tarde, luego de la reunificación, y hoy es parte de la historia.

En ese contexto llegaría también el primer gran triunfo del fútbol alemán, que fue la victoria en la Copa Mundial de Suiza en 1954. El triunfo en la final se conoció como el Milagro de Berna, y ciertamente lo fue. Un país devastado por la guerra, en el que aún había muy pocos hombres jóvenes y sanos, tenía una selección de fútbol que se imponía ante las grandes potencias de la época.

Pero años más tarde, un rotundo fracaso en el Mundial de Chile, en 1962, dejó en evidencia que el fútbol alemán debía organizarse y unificarse si quería repetir, alguna vez, aquel gran éxito.

La Bundesliga, o Liga Nacional, fue fundada en Dortmund en 1962. Por eso es esta ciudad parte de la Ruta del Fútbol Alemán, allí se construyó, en 2015, el museo en el que le conté que se exhibe el histórico trofeo.

De la primera temporada participarían 16 equipos, conocidos como 'clubes fundadores', entre los que estaban el Werder Bremen, el FC Kaiserslautern o un equipo de Múnich. No, no era el FC Bayern, sino el TSV 1860 München. El 1. FC Köln sería el primer campeón en el verano de 1964, año en que el Bayern ascendería a la Bundesliga para transformarse, años más tarde, en el Rekordmeister o el gran campeón del fútbol alemán.

El torneo pasó a tener los 18 equipos que tiene hoy, pero fue en la temporada de 1991/1992 que se amplió a 20, transitoriamente. Es que había que incorporar a dos equipos de la parte este del país, recientemente unificado. Por el sistema de descensos y el atraso de los equipos de la ex República Democrática, durante varias temporadas, la Bundesliga volvió a tener sólo equipos del oeste. La temporada 2019/2020 significó, con el ascenso del Union Berlin y la consolidación del RB Leipzig, la primera vez que habría dos equipos del este desde que el torneo volvió a admitir sólo 18 participantes.

Como ve, Alemania es la tierra de las mil culturas, por muchas de las razones que cité en esta primera parada de nuestro viaje. Creo que es imposible entender lo que es el fútbol y lo que representa para la cultura si, desde el comienzo, no conocemos todo esto que ocurrió en estas tierras.

Ahora estamos listos para viajar a nuestra segunda estación: los hinchas...

CAPÍTULO 2

DER FUßALL GEHÖRT DEN MENSCHEN [EL FÚTBOL ES DE LOS HINCHAS]

"Cuando miras esas tribunas repletas recuerdas por qué es que querías jugar al fútbol".

Marco Reus, jugador del Borussia Dortmund

Así como le dije que no se puede entender el fútbol alemán sin conocer todo lo que ocurrió en estas tierras durante miles de años, también es imposible hablar de la Bundesliga sin mencionar a los hinchas.

Los latinoamericanos somos famosos en el mundo por la pasión con la que hacemos las cosas. Esta pasión, que tal vez la heredamos de nuestros antepasados italianos y españoles, la llevamos al fútbol. Tanto en nuestras ligas como cuando viajamos a seguir a nuestras selecciones en un Mundial, los latinoamericanos somos los que le ponemos la sal al espectáculo.

En contraposición, una creencia común señala que lo alemanes son tipos fríos y distantes. Si le pido que me describa al estereotipo de alemán que se imagina, no creo que diste mucho de esto: un ingeniero de Stuttgart, que no se ríe nunca, trabaja 20 horas por día y se acuesta temprano. Adivino su sonrisa al leer esto, porque difícilmente le haya errado al pronóstico.

Pero, ¿sabe qué? No es tan así. Hay muchos alemanes diferentes a ese modelo pero, incluso, hay muchos de esos que se imagina que, durante una tarde por semana, cuando van a la cancha, se transforman en otra cosa totalmente opuesta.

En este país llaman ultras a lo que nosotros conocemos como barras o hinchadas. Y si bien el fútbol alemán no es ajeno a algún que otro incidente aislado, estos fanáticos no llevan la violencia a los estadios, sino que, por el contrario, le ponen el color.

Pero socialmente el ultra no está bien visto, por lo que intentan ocultar sus identidades con diferentes métodos. El más usual es vestirse de negro. Dicen que la mejor manera de esconder un elefante es en una manada de elefantes. Y la mejor forma de que un ultra pase desapercibido es en medio de otros miles que visten como él.

El ultra se oculta porque durante 90 minutos tiene la función de cantar, alentar, pero también de protestar contra la política, la federación de fútbol, los árbitros, los precios de las entradas, etc. ¿Está mal protestar? No necesariamente. Entonces, ¿por qué se esconden? Y aquí viene un dato muy jugoso que los diferencia de 'nuestras' hinchadas.

Muchos de esos hinchas enfervorizados son dueños de empresas o tienen altos cargos en compañías famosas. Otros, tal vez, dieron parte de enfermo en su trabajo para poder acompañar a su equipo de visitante. ¿Se imagina que, por ejemplo, un gerente del Deutsche Bank se bañe en cerveza en medio de la tribuna, gritando un gol, y el lunes tenga que dirigir una junta? Si los miembros de su equipo de trabajo lo supieran, quizá no tendrían la misma imagen de su jefe...

Hay muchas historias como esta, que es una simple suposición, en todas las hinchadas alemanas. Ese mismo ingeniero aburrido que usted cree que conoce, se bebe tres cervezas en el bar del club y se transforma en un enajenado durante 90 minutos. Después, otra cerveza con los muchachos para hablar del partido y vuelve a casa a la vida que lleva el resto de la semana.

Por esta razón, las hinchadas se quejan cuando, por alguna circunstancia, un partido se juega un lunes o en un horario poco habitual (ya no ocurre). El hincha del Bayern, por ejemplo, conduce 700 kilómetros con sus amigos o familia para ver a su equipo jugar en Bremen. Esa es la razón por la que la mayoría de los partidos de la Bundesliga se juegan los sábados. Queda el domingo para regresar, descansar, y el lunes temprano hay que volver al trabajo.

También por ello nunca verá un partido de Bundesliga un domingo por la noche. Para que el estadio esté lleno, se necesita que los visitantes viajen, y los alemanes no van a viajar si no pueden volver a su trabajo el lunes por la mañana, previo descanso.

NÚMEROS IMPACTANTES

La Bundesliga es la liga *top*, en el mundo, cuando hablamos de cantidad de hinchas en los estadios. Le diré más... Es el segundo evento deportivo más convocante en todo el mundo, sólo superado por el fútbol americano. Pero vamos a ponerle cifras.

El Centro Internacional de Estudios del Deporte (CIES, en inglés) midió la concurrencia a los estadios de 51 ligas de fútbol, en 42 países de todo el planeta, entre 2003 y 2018.

La Bundesliga resultó, como le contaba, la número uno en el mundo. Si consideramos la Segunda División en estos países, la más convocante es... La 2. Bundesliga.

En el estudio queda en evidencia que la liga alemana supera en un 18% el promedio de aforo de la Premier League, la que quedó segunda en el *ranking*. Midiendo ese período de tiempo, un total de 43.302 espectadores colmaron, en promedio, cada estadio de la Bundesliga, todos los fines de semana.

El número varía por cuestiones deportivas. Por ejemplo, en las temporadas en las que descendieron equipos enormes como el HSV Hamburger, el VfB Stuttgart o el Hannover 96, la 2. Bundesliga llegó a tener más público promedio que muchas de las ligas de Primera División de Europa. En contraposición, baja un poco el aforo de la Bundesliga por el simple hecho de que desciende un equipo con un estadio que puede albergar a 60.000 espectadores y sube otro cuya casa 'apenas' puede contener a 15.000.

En el mismo estudio surge que, como le contaba, la Premier League queda segunda con 36.675 espectadores promedio, por delante de La Liga (27.381). El *ránking* lo completan la Liga MX de México (25.582), la Serie A de Italia (22.967), la Superliga de China (22.594), la Ligue 1 de Francia (21.556), la MLS de los Estados Unidos (21.358), la Eredivisie de Holanda (19.154) y la única liga de Segunda División que aparece en el *top ten* mundial, la 2. Bundesliga, con 18.814 espectadores por partido, en promedio.

Números que impresionan y que sirven para refrendar la pasión que le contaba que tienen los alemanes por el fútbol y la forma en que siguen a su equipo. A esto hay que sumarle unas 17 millones de personas que ven los partidos por televisión en cada temporada.

A nivel de clubes, es lógico pensar que también sean los alemanes los más populares. El FC Bayern München, con casi 300.000 socios y más de 4.500 clubes de fans es la institución más grande del mundo en cantidad de miembros. Si tomamos la lista de los nueve clubes que siguen al

Bayern en este *ranking*, además del Benfica, el Barcelona de España o Boca Juniors de la Argentina, encontramos al Borussia Dortmund y al FC Schalke 04, un club que nunca ha podido ganar la Bundesliga.

Y volviendo a los estadios, a nivel de clubes, también es un alemán el que mayor promedio de aforo tiene. El Borussia Dortmund logró llevar al Westfalenstadion 80.230 personas en promedio, durante los 15 años que abarcó el estudio. Es la capacidad total del estadio, para el que existe una extensa lista de espera a la hora de conseguir una entrada. Muchos socios, por ejemplo, jamás consiguen un lugar.

Parte de la tradición de las hinchadas alemanas promueve que, en las cabeceras, el fútbol se vea de pie. Por tanto, salvo cuando la UEFA los obliga a poner butacas en sus competiciones, normalmente no vamos a encontrar ningún asiento detrás de los arcos. Esto hace que sea también el Borussia Dortmund el que tenga el estadio con la tribuna más grande del mundo. La famosa Gelbe Wand [pared amarilla] se llena en cada partido con 24.600 espectadores. Vista desde el campo, es realmente una pared amarilla que le congela la sangre a cualquiera.

Entre los 10 equipos más convocantes del mundo, además del mencionado Borussia Dortmund, hay otros cuatro equipos alemanes, como el FC Bayern, el FC Schalke 04, el Hamburgo y el Stuttgart.

Los estadios están colmados y ese promedio de más de 43.000 espectadores podría crecer notoriamente si las tribunas tuvieran más capacidad. El Borussia Dortmund podría llenar, sin problemas, dos Westfalenstadions en un partido *top*. Entonces, cabe preguntarse, ¿por qué hicieron los estadios tan 'pequeños'?

Sabido es que Alemania albergó dos mundiales, en 1974 y en 2006. Muchos de los estadios se construyeron o remodelaron para esas dos citas trascendentales. Tomando los estadios mundialistas, la 'capacidad instalada' para recibir espectadores creció apenas 5%, entre ambas Copas del Mundo.

De nuevo, podemos preguntarnos, ¿es que los alemanes no vieron esta tendencia? La respuesta es más o menos esa. La afluencia masiva a las canchas es un fenómeno relativamente moderno que comenzó luego de la reunificación. El fútbol sirvió para terminar de unir a una Alemania resquebrajada por las guerras y, en ese sentido, el Mundial de 2006 fue la ocasión perfecta para terminar de consolidar ese objetivo. Si bien el fútbol alemán siempre fue muy popular, para las recientes generaciones se ha transformado en un aspecto cultural que los define.

UNA POLÍTICA DE ESTADO

Números que llaman mucho la atención, pero que no son una casualidad. Tampoco son los hinchas los únicos protagonistas de las canchas llenas. Ellos son los que ponen el color, pero hay una decisión política detrás de eso, facilitadora de esa fantástica imagen que normalmente brinda un partido de la Bundesliga.

Todos los clubes tienen departamentos de hinchas, conocidos como Fanabteilungen. En otro capítulo, cuando hablemos de las historias divertidas, le relataré la increíble experiencia de viajar en un tren con mil hinchas del Borussia Dortmund, rentado por el Fanabteilung del club.

El cuidado y respeto por los hinchas es fundamental. Le comentaba anteriormente cómo la liga se encarga de respetar a los seguidores, estableciendo horarios que faciliten los viajes. La mayoría de los partidos se juegan el sábado, temprano por la tarde.

Los horarios no cambian. El nuevo esquema de partidos, concentrado en sábado y domingo, que entró en vigencia en la temporada 2021/2022, se anunció más de un año antes. El *fixture* se sortea ni bien termina la temporada, con ascensos y descensos confirmados. Entonces, a medida que se va conociendo la situación de los equipos alemanes en las competencias europeas, se va estableciendo qué partidos se jugarán el sábado y cuáles el domingo, privilegiando el descanso de los jugadores.

Y esta es una forma de respetar a los hinchas. Por ejemplo, el mencionado clásico entre el Bayern y el Dortmund se juega siempre el sábado en horario central. En cuanto se sortea el *fixture*, allá por el mes de julio, los hinchas ya pueden reservar sus hoteles para el partido de ida, en octubre, y el de vuelta, en marzo del año siguiente.

Para el club también es una ventaja. No sólo se puede planificar el traslado del equipo, sino que el departamento de hinchas puede rentar, como le decía, un tren completo para viajar al clásico.

Volviendo al punto de cómo los clubes se ocupan de sus hinchas, un buen ejemplo es el departamento de fans del Schalke, comandado por seis personas, que están al servicio del socio. Desde organizar eventos en la Schalker Meile, la zona en la que se encuentra una vieja tabacalera que fue fundada por una de las glorias del club, hasta ayudarlos con la logística para viajar de visitante.

En tiempos de adviento, que son para los alemanes unos días muy especiales, más allá del frío, los clubes y jugadores se ponen al servicio de los hinchas. Así como los mercados navideños son una gran tradición en estas tierras, una institución como el RB Leipzig, por ejemplo, organiza uno especial, sólo para sus hinchas. Y son los propios jugadores los que, esa noche, sirven bebidas como el Glühwein, un típico vino caliente especiado, para todos los clubes de fans.

En esa misma época, el Borussia Dortmund visita hospitales de niños, cumpliendo el sueño de muchos pequeños hinchas. Las estrellas del FC Bayern se mezclan con los clubes de fans para compartir un almuerzo, beber cerveza y conversar con los fanáticos. Y así podría seguir.

Hay una cultura que baja desde la liga hasta los clubes que reza que el fútbol es de la gente y que a ellos se deben. Por eso también cada club está muy comprometido con todo lo que pasa en la ciudad y en la región. Los jugadores del Bayern van cada año, religiosamente, a celebrar Oktoberfest con los hinchas. Los miembros de los equipos de ciudades carnavaleras, como Colonia, Düsseldorf y Mainz, desfilan disfrazados ante la mirada de hasta un millón de personas en la fiesta más popular de esas ciudades. De hecho, el 11 de noviembre (11/11), a las 11:11, cuando comienza la temporada de carnaval, los jugadores del 1. FC Köln entrenan disfrazados y juegan su próximo partido de local con una camiseta especial, que sólo se usa en ese partido y en otro en febrero cuando finaliza la temporada carnavalera.

Finalmente, esa vocación de servir a los hinchas también se lleva al bolsillo. La Bundesliga es, junto a la Ligue 1 de Francia, una de las ligas europeas con las entradas más económicas. Técnicamente se puede comprar un tiquete para ver el partido en la cabecera (de pie y saltando), por 15 euros. Digo 'técnicamente' porque eso se daría en el hipotético caso de que consiga una entrada.

Le contaba que el Dortmund podría llenar dos estadios, y esa es la cantidad de gente que tiene normalmente en lista de espera por una entrada. Los hinchas compran el pase anual, para ver todos los partidos de local. El beneficio que tiene el socio es un acceso prioritario a las entradas de temporada.

También le comentaba que Dortmund es una de las regiones más postergadas de Alemania y más densamente pobladas. Siendo que el Westfalenstadion tiene una capacidad similar a la de Old Trafford, el estadio del Manchester United, puedo hacerle una comparación bien interesante para demostrar mi punto.

Mientras que por unos 15 euros se puede entrar al Westfalenstadion, el tiquete más económico para el socio de más alto rango en Manchester ronda los 40. La política de Dortmund es mantener esos precios para que el fútbol sea asequible. Estudios realizados por el club muestran que, con las entradas partiendo desde los 40 euros, como hacen en Manchester, aún habría 81.000 personas dispuestas a comprar su lugar en cada partido.

Claro, esta política de pensar en el hincha tiene un costo. En el ejemplo citado, el Borussia Dortmund resigna 70 millones de euros cada año para satisfacer a sus hinchas. ¿Qué son 70 millones de euros hoy en el fútbol europeo? Es más del triple de lo que pagaron por Erling Haaland al RB Salzburg, como para evaluarlo de alguna manera.

Como ve, el amor de los hinchas y sus clubes es mutuo y se expresa en acciones concretas. Ya le conté qué hacen los equipos por los hinchas, ahora vamos a pararnos desde el otro lado.

UNA VIDA POR EL CLUB

La relación de los hinchas con el club va mucho más allá de los 90 minutos que dura cada partido. Comienza mucho antes, incluso, durante la semana. Ellos tienen rituales y rutinas que cumplen religiosamente como signo de devoción a su equipo.

En Augsburgo, por ejemplo, todo comienza unas cuantas horas antes del partido en un café muy particular, no muy lejos del estadio. Se llama Schwarze Kiste [Caja Negra] y es una especie de gran contenedor negro con mesas y bancos al aire libre. Allí se sirve, dicen, el mejor café de la ciudad.

Los hinchas se reúnen ahí a beber café y, por supuesto, cerveza. Largas charlas recordando los buenos tiempos, matizadas con la posibilidad de hacer un pronóstico del resultado del partido que ya se viene. El que acierte, al regreso, tiene derecho a una cerveza gratis.

Al terminar, se suben todos al metro y viajan juntos al estadio. Allí se reunirán en las afueras junto a la estatua de Helmut Haller, una de las glorias del club, a seguir bebiendo.

Una hinchada familiar que canta el himno del equipo visitante antes del partido, como símbolo de camaradería. Algo bastante diferente a lo que estamos acostumbrados en nuestros países, ¿no?

Con los hinchas del Schalke pasa algo similar. Le hablé de la Schalker Meile. En esa cuadra se encuentra el bar Bosch junto a lo que era el viejo estadio. En el mismo lugar en donde los jugadores del equipo bebían cerveza luego de los entrenamientos, allá por los años 70, los hinchas de todos los equipos (menos los del Dortmund) están invitados.

El menú incluye cerveza y salchichas y un ambiente en el que se puede encontrar hasta la camiseta de Raúl González, el astro español que dejó un recuerdo imborrable en el club. Esta historia se la contaré, en detalle, más adelante, porque la viví con ellos.

En Dortmund, mucha gente pasa a comer papas fritas y beber en un antiguo restaurante, en el que hace más de 110 años se fundó el club. Un lugar que era frecuentado por el mismísimo Jürgen Klopp, quien les regaló algunas pizarras de entrenamiento, en las que se puede leer el once titular de aquel gran equipo que lo ganaba todo.

La fiesta sigue en las afueras del Westfalenstadion, al que recién ingresarán unos quince minutos antes del inicio del encuentro. Es que cuando falten exactamente 9 minutos (el club fue fundado el 19 de diciembre de 1909 y todo gira en torno al 9 para ellos), cantarán todos juntos *You´ll never walk alone*. Un tema que no les pertenece, pero que se transformó en un rito de guerra para cualquier hincha del BVB.

Otra hinchada muy particular es la del SC Freiburg, un humilde equipo de una de las ciudades más lindas que tiene Alemania en la triple frontera con Suiza y Francia. Uno de sus clubes de fans más famoso se llama Torpedo. Estos entusiastas compraron un bus moderno, igual al del equipo profesional, y lo decoraron tal como el que traslada a los jugadores a cada partido. Con este bus van recogiendo hinchas de distintos pueblitos y viajan juntos al estadio bebiendo cerveza. Una perlita: en una ocasión, la policía los confundió con los jugadores, permitiéndoles pasar hasta adentro del estadio y dejando afuera a los profesionales. Por este incidente, se retrasó el comienzo del partido.

Una vez en la cancha, durante el encuentro, se han puesto de moda las coreografías. Impresionantes puestas en escena en las que se despliegan, minutos antes del comienzo, coloridas presentaciones, gráficas o mensajes de protesta. El Eintracht Frankfurt, en su campaña en Europa durante la temporada 2018/2019, sorprendió a todo el continente con la puesta en escena de sus hinchas. Me tocó ver a los periodistas ingleses, en el partido de semifinales contra el Chelsea, tomando imágenes sin poder creer lo que estaban presenciando.

Para que tenga un parámetro, una presentación que ocupe toda una tribuna cabecera cuesta la friolera de 35.000 euros, según informan los clubes. Lo bueno de esto es que ese dinero no lo pone la institución, sino que es recaudado, centavo a centavo, por cada uno de los clubes de fans.

Y ya durante el partido hay que cantar. A diferencia de Latinoamérica, en Alemania son los ultras, en las cabeceras, los que cantan durante los 90 minutos. El resto del estadio se sumará en algún momento puntual. Para cantar llevan bombos, trompetas y tienen equipos de sonido. En Leipzig, por ejemplo, el club les instala enormes parlantes dentro del campo para que la dirección de orquesta, que realiza uno de ellos con un micrófono, sea escuchada por todos.

La mayoría de los cantos de las hinchadas podrían parecer inocentes a cualquier hincha en Latinoamérica. No incluyen insultos y muy pocos agravian al rival. Una letra muy popular, que puede escucharse en cada estadio, dice: "Auf geht´s XXX, schießt ein Tor". La traducción literal sería:

"Vamos (nombre del equipo), marca un gol". Nada del otro mundo. ¿Verdad?

En cada estadio, además, hay un presentador o voz oficial. Algunos son celebridades, como el famoso locutor Stephan Lehmann, que dirige el estadio del Bayern; otros excéntricos, como *Lotto* King Karl, un cantante de Hamburgo que se ganó dos veces la lotería (por eso Lotto) y decidió dejar todo para dedicarse a cantar, en el estadio, el himno del club subido a una enorme grúa.

En Dortmund, por ejemplo, la voz del estadio es *Nobby* Dickel, quien fuera un goleador del equipo, y quien, de hecho, marcó un tanto en la final que les dio una Copa de Alemania a las vitrinas del club. Lleva más de 30 años anunciando goles y formaciones, siendo la voz del estadio más longeva de la Bundesliga.

Una nota de color (una más), para entender la idiosincrasia del hincha, es el festejo del gol. Por empezar, gol se dice "Tor", que se traduce como "puerta" o "arco". Eso es lo que grita el relator, cuando se convierte un tanto. Los hinchas, en cambio, dicen "¡Ja!", que sería simplemente "¡Si!".

Cuando la voz del estadio anuncia el gol, dice el nombre de pila del jugador que lo marcó y la hinchada grita, al unísono, su apellido. Después él dice el resultado. Supongamos que, tras el gol, el Eintracht le gana al Mainz 2 a 1, entonces el relator grita "Eintracht Frankfurt..." y la hinchada responde "Zwei" [dos]; luego hay que nombrar al rival. Entonces viene el "FSV Mainz..." y todos gritan "Null" [cero]. Sí, no importa cómo sea el resultado real, los hinchas nunca van a reconocer un gol del rival.

Al final del anuncio, todos los animadores gritan: "¡Danke!" [Gracias]. Lo más cómico es que todo el estadio le responde: "Bitte". Literalmente quiere decir "por favor", pero se usa en alemán como un "de nada".

Es cierto. Si nunca vio un partido en Alemania tal vez no me lo crea, pero no tengo por qué mentirle. Los hinchas son el condimento principal del fútbol alemán y por eso le he dedicado el segundo capítulo de esta obra. Habiendo conocido esto, ya estamos listos para seguir el viaje. En nuestra próxima escala vamos a tratar de entender otro aspecto de los alemanes, por el que sí que son mucho más famosos en todo el mundo: la organización...

CAPÍTULO 3

VON KOPF BIS FUß
[DE LA CABEZA A LOS PIES]

"Una meta sin un plan es sólo un deseo".

Antoine de Saint-Exupéry, aviador y escritor.

Un aspecto que caracteriza al fútbol alemán es su organización. Todo lo que pasa está absolutamente planeado con mucho tiempo de antelación. Para un latinoamericano, como quien escribe, al principio, fue un choque cultural muy fuerte. Nada se parecía a lo que yo estaba acostumbrado a ver.

Pero, hablando de costumbres, es muy fácil adaptarse a trabajar en un ámbito en el que todo funciona. En este caso, yo, que era el desordenado, rápidamente empecé a pensar como los alemanes y comprobé los beneficios inmediatamente.

Un defecto derivado de esta manera de vivir la vida es, lógicamente, la poca capacidad de improvisación o de re-

solución de imprevistos. En esto, los que venimos de lejos, somos mejores. Pero no se puede culpar a los alemanes de eso, porque lo cierto es que los imprevistos o las situaciones que requieren improvisación son casi inexistentes.

UN MUNDO BIEN PENSADO

Si bien vimos que la cantidad de equipos habilitados para jugar en Primera División tuvo algunos cambios por cuestiones históricas y hasta políticas, normalmente la Bundesliga cuenta con 18 equipos en primera y otros 18 equipos en Segunda División. Es la única de las cinco ligas *top* de Europa que tiene menos de 20 equipos por categoría.

Esto es una gran ventaja respecto de aquellas, y fue el mismo Gianni Infantino, presidente de la FIFA, quien reconoció que el formato de competencia de la Bundesliga era perfecto. Pero vamos a analizar por qué...

Como primera medida, hay 18 participantes que aspiran a 7 plazas europeas y a evitar 3 puestos de descenso. Por tanto, los mejores 12 equipos van a pelear, normalmente, por entrar a Europa. Por otra parte, los peores 6 intentarán no descender. Resultado: es muy raro que un equipo llegue a las últimas dos fechas sin un motivo por el que competir. Para agregar suspenso, por reglamento, en las últimas dos fechas se juegan todos los partidos al mismo tiempo.

De hecho, hay tanta paridad del Bayern Múnich para abajo, que existen muchos casos de equipos que estaban peleando por Europa en la fecha 28 y quedan comprometidos con el descenso tras apenas dos derrotas.

Otro aspecto que favorece a la salud de la competencia es el hecho lógico de que 18 equipos juegan 34 fechas, en lugar de las 38 que se disputan en el resto de las ligas *top*. Así, salvo en la temporada afectada por la pandemia, el fútbol alemán puede realizar una pretemporada larga en verano y otra de casi un mes en el invierno. Jugadores más descansados, menos lesiones y una mejor preparación física. Además, se respetan las sagradas vacaciones de los alemanes en agosto y enero.

No es casual, tampoco, que el fútbol alemán haya sido el primero en retomar la competencia, luego de la larga cuarentena en la que toda Europa ingresó en 2020. Se organizó una comisión de expertos, conocida como Task Force, comandada por el médico de la selección alemana, Tim Meyer. El grupo de tareas presentó un exhaustivo protocolo de 41 páginas que regulaba toda la operación de entrenamientos, viajes y partidos.

El protocolo fue aprobado por la canciller, Angela Merkel, y los ministros-presidentes de todos los estados del país. Esta herramienta no sólo le permitió a la Bundesliga regresar a la competición un mes antes que cualquier otra liga *top*, sino que fue tomada como base de los protocolos de estas ligas y de muchas disciplinas deportivas en el mundo.

La Bundesliga culminó en tiempo y forma, sin acumulación de partidos ni jugadores lesionados por la sobrecarga. De hecho, terminó siendo una de las razones por las que el FC Bayern pudo alzarse con la Champions League en 2020 y el RB Leipzig llegó hasta las semifinales.

Ambos equipos tuvieron un mes de tiempo entre el final de la liga y el regreso de la competencia europea. Tomando dos semanas de vacaciones y dos de pretemporada, fueron capaces de superar física y futbolísticamente a equipos españoles, que venían sin descanso, y franceses, los que llegaban sin rodaje de competición porque la Ligue 1 se había cancelado.

LA EMPRESA DEL FÚTBOL

Desde el año 2000, coexisten en el fútbol alemán dos entidades organizadoras. La Deutscher Fuβball Bund (DFB) es la histórica entidad que organiza el fútbol alemán, creada en los albores del siglo XX. Fue la DFB la encargada de organizar el primer campeonato de fútbol alemán, en 1903, y de formar lo que sería la selección alemana.

Hoy en día, la DFB sigue teniendo a cargo al equipo nacional, o Nationalmannschaft, y la organización de la Copa Alemana, conocida como DFB Pokal, desde 1935. Fue esta entidad también la que, en 1963, creó la liga profesional de fútbol que conocemos como Bundesliga.

Pero unos 100 años más tarde del nacimiento de la DFB, los 36 clubes que disputaban la Bundesliga en primera y segunda división, decidieron crear una segunda entidad. La llamaron Deutsche Fuβball Liga (DFL) y sería, desde el 2000, la encargada de organizar la competición de las dos máximas ligas del fútbol alemán.

Una de las funciones principales de la nueva DFL sería la de comercializar el producto tanto en el país como en todo el mundo. Gracias al trabajo de esta empresa de primera línea, y a la globalización del fútbol, los clubes pasaron de recaudar un valor equivalente a 5 millones de euros por temporada, a mediados de los ochenta, a los casi 1.500 millones que obtienen hoy en día, sólo en concepto de derechos de transmisión.

Desde el año 2015, se dividió la organización de la DFL en cinco departamentos, que se encargan desde la comunicación y el *marketing* hasta de los hinchas y la logística de los equipos que viajan al exterior.

En términos de comercializar el producto en el mundo, la televisación de los partidos es una herramienta imprescindible. A diferencia de todas las otras ligas *top*, la DFL realiza, en forma interna, la producción de todos los contenidos audiovisuales. Esto ocurre desde 2006 cuando se creó la empresa Sportcast, que televisa todos los partidos y asiste a cada una de las cadenas que tienen los derechos de la Bundesliga en todo el mundo.

Los distintos departamentos de la DFL están mirando constantemente el futuro y lo que ocurre en el resto del mundo. La clave de presentar un buen producto televisivo, como herramienta de *marketing*, es estar siempre adelantado a los tiempos actuales. Trabajando con diferentes compañías que realizan encuestas y grupos de estudio en todo el mundo, la DFL se obsesiona por conocer cómo será la vida adulta de los niños que hoy tienen menos de 10 años y de qué manera consumirán los deportes en el futuro.

En diferentes seminarios organizados por la DFL, de los que he sido parte, he aprendido sobre el futuro y que difícilmente mis hijos vean televisión o conduzcan autos. Como los alemanes trabajan con procesos planificados, hoy están imaginando la difusión de la Bundesliga en 2030. Por lo que han dejado saber, la experiencia se dará en muchas plataformas, siendo que los teléfonos móviles tendrán mucha más relevancia que la televisión convencional.

Esta es una parte muy importante de la tarea de esta empresa de profesionales creada para hacer crecer el negocio y la organización del fútbol alemán. Por eso, un 6,7% de los más de 4.000 millones de euros que genera el mundo del fútbol de Primera y Segunda División se destina a financiar a la DFL, que sigue haciendo girar la rueda.

CUIDAR EL BOLSILLO

Dentro de la desgracia que fue para el mundo la pandemia del coronavirus, los clubes del fútbol alemán mostraron una capacidad de resistencia superior a la de sus pares en el resto de Europa. Mientras instituciones gigantes como Barcelona o el Real Madrid sufrieron catástrofes económicas, en Alemania se dio el caso de que el Bayern Múnich, el Borussia Dortmund, el RB Leipzig y el Bayer Leverkusen donaran 75 millones de euros al mundo del fútbol alemán, tanto masculino como femenino, para sostener el negocio.

Las finanzas sólidas son una parte fundamental en la organización, no sólo de los clubes de la Bundesliga, sino de cualquier empresa en Alemania. Este país, que sufrió la devastación de la guerra y debió reconstruirse dos veces, tardó 92 años en terminar de pagar las pesadas cargas de deudas que quedaron a su cargo, luego de la Primera Guerra Mundial.

Por tanto, para los alemanes, endeudarse es casi una mala palabra. De hecho, deuda se dice 'Schuld', pero esa palabra también se puede traducir al español como 'culpa'. Un alemán promedio ahorra cada mes el 10 por ciento de sus ingresos, siendo más del doble que lo que hacen sus vecinos, para no sentir la culpa de tomar una deuda. Y los clubes de la Bundesliga llevan esa impronta en su ADN.

Cuando se creó la DFL, fundada por los propios clubes, como le decía, fueron ellos mismos los que establecieron un estatuto que los limitaba. Se creó un sistema de licencias que cada club debe aprobar para ser admitido, tanto en la Bundesliga como en la 2. Bundesliga.

Esta licencia los obliga no sólo a tener finanzas saludables, sino a mantener la infraestructura del club e invertir en tecnología para asegurar el mejor confort posible para los hinchas.

Ese 'pergamino sagrado' se debe validar cada año y la fecha de presentación es el 15 de marzo. El comité evaluador de la situación informará a cada club si su solicitud de licencia fue aceptada o rechazada a mediados de abril, cuatro meses antes del comienzo de la próxima temporada.

Todas las condiciones exigidas para la licencia, una vez que esta se aprueba, se deben mantener durante la temporada. Caso contrario, el club podría enfrentar durísimas sanciones. Así, en una temporada normal (quitando el efecto de la pandemia), casi el 90% de los clubes de la Bundesliga arrojan resultados positivos en sus balances.

Los clubes alemanes en su conjunto se han transformado en un sólido sector económico que aporta 1.400 millones de euros por año en impuestos al fisco y emplea a casi 60.000 personas. Estos números han crecido en forma constante en los últimos años.

La mayor fuente de ingreso de los clubes en Alemania sigue siendo la venta de derechos de televisión. Dentro de Alemania se recaudan más de mil millones de euros por temporada en este concepto, mientras que se obtienen más de 300 millones extra por los derechos internacionales. Esto representa el 37% de los ingresos del mundo del fútbol.

La segunda fuente de ingresos es la publicidad, que aporta un 21% de los más de 4.000 millones de euros que le mencionaba anteriormente. En orden, siguen las transferencias de jugadores (17%), la recaudación en el estadio (13%) y otros ingresos, como la venta de productos oficiales.

En cuanto a los gastos, en una temporada promedio ascienden a los 3.900 millones, generando algo más de 100 millones de ganancias netas cada año. El costo más importante es, naturalmente, el sueldo de los jugadores. Sin embargo, su peso está muy por debajo del límite máximo de 80% que aconseja la UEFA, ascendiendo a apenas un 36%. El segundo ítem de erogaciones son las transferencias de jugadores, que explican un 22% de las salidas de dinero.

Tantos números sirven para entender la lógica de cómo está organizado un negocio creciente y saludable. Los clubes alemanes invierten dinero en formar estrellas, en lugar de comprarlas 'hechas', y en armar equipos en los que ningún jugador gana mucho más dinero que sus compañeros.

LAS PALABRAS DEL HISTÓRICO JEFE

Entre 2005 y 2021, Christian Seifert fue el máximo responsable de la DFL, y quien llevó a cabo la exitosa tarea de crear el negocio saludable del que venimos hablando. Desde el 1 de enero de 2022, y habiendo decidido no renovar su contrato, le dejó su silla a la primera mujer en la historia que tendrá a cargo la tarea de dirigir el fútbol alemán, Donata Hopman.

Toda esta introducción que realicé le permitirá entender mejor su palabra, que voy a presentarle a continuación, agradeciendo a la DFL por la amabilidad de abrirnos las puertas de la oficina del 'jefe' cuando todavía estaba en funciones.

Un tipo simple, que lleva adelante una vida de familia, tuvo a su cargo la transformación del fútbol alemán. Ya nos meteremos en profundidad en el cambio de rumbo realizado a comienzos del milenio, pero le propongo conocer primero al hombre que lo hizo posible.

Nació en Rastatt, en el suroeste de Alemania, hace más de 50 años. Tan al suroeste que bien podríamos decir que no es francés por una cuestión de pocos metros. Se graduó en Comunicaciones, *Marketing* y Sociología en diferentes universidades del país. Un tipo muy preparado para su cargo, cuenta con orgullo que comenzó su carrera profesional trabajando para la cadena de música MTV. Para llegar a la cima, hay que conocerlo todo...

Me tocó compartir muchos eventos con él. Conversar con una mente tan lúcida y ávida de conocimientos es siempre enriquecedor. Un tipo que te puede hablar del fútbol europeo con todos los detalles, pero también describir desde qué porcentaje de la población de África utiliza aún la tecnología 2G hasta cómo está organizado el acceso a los estadios en el fútbol mexicano.

Para Seifert, la Bundesliga es parte de la cultura alemana. "Cuarenta millones de personas están interesadas en el fútbol de este país", comienza diciendo. Esto es, como vimos, prácticamente la mitad de toda la población.

Esto explica lo que describimos en el segundo capítulo de nuestro viaje, cuando hablábamos de los hinchas. Pero la gran revolución que ha comandado el equipo de Seifert es entender al fútbol como una industria del entretenimiento. "El fútbol como debe ser", reza el lema con el que la DFL promociona a la Bundesliga.

Si yo le preguntara rápidamente qué es la DFL, obtendría respuestas variadas, pero seguramente usted describiría a una entidad que tiene a su cargo organizar una liga de fútbol. Yo también diría eso... Pero Seifert tiene un concepto bien distinto. "El 35% de nuestros ingresos proviene de los medios de comunicación. Tenemos que actuar, sentir y pensar como una empresa de medios", afirma.

En el mundo moderno, el fútbol es cada vez más un espectáculo, que tiene que competir con miles de otras formas de entretenimiento. Nuevamente, y para entender el concepto, si yo le preguntara a usted cuál es el principal competidor de la Bundesliga, su respuesta no saldría de La Liga o la Premier; pero la cabeza de esta entidad piensa bien diferente. Rápidamente suelta un "Netflix".

¿Cómo es posible que una liga de fútbol vea a una plataforma de *streaming* de películas y series como un rival? Ocurre que, en su concepción, el fútbol compite con este tipo de plataformas por el usufructo del período de ocio de los consumidores de todo el mundo. En dos horas de tiempo libre se puede ver Bayern – Dortmund o tres episodios de una serie...

Estas plataformas de *streaming* le asestaron un golpe casi mortal a la televisión tradicional del que tal vez nunca se recupere. Y lo hicieron porque interpretaron una oportunidad y una necesidad de los nuevos consumidores: ver lo que quieren, cuando quieren.

De la misma forma, la DFL estudia permanentemente al consumidor, pero no sólo al actual, sino al que verá fútbol dentro de dos o tres décadas. "El fútbol como debe ser, significa tener no sólo estadios llenos, sino también un 29% de mujeres en nuestras canchas", afirma Seifert.

Le contaba unas líneas atrás que el hombre tiene todo en su cabeza, y en la charla suelta números que no necesita leer y que son una muestra de lo mucho que conoce el negocio y entiende a las audiencias. "El 72% de los alemanes que siguen a la Bundesliga, lo hacen más allá de su club", comenta. Estas afirmaciones cimientan lo que explicaba en el capítulo anterior. El alemán es hincha de su club, pero también es hincha de la Bundesliga como concepto.

EL NEGOCIO EXPLICADO

Si la DFL se considera a sí misma como un multimedio, tiene que pensar como ellos, y no es fácil hacerlo en un mundo que está cambiando y en el que la gente ya no se sienta durante una hora y media frente a un sólo dispositivo, a ver nada. Ni siquiera una película.

"Para ser un productor de contenidos moderno hay que tener en cuenta tres aspectos, y los tres al mismo tiempo", afirma Seifert. "Los dispositivos en los que la gente consume el contenido, cómo se distribuye ese contenido y la forma en que se va a consumir", prosigue.

"Si hablamos de los dispositivos, es obvio que cada vez hay más pantallas en el mundo, pero cada vez son más pequeñas", afirma, remarcando el hecho del creciente consumo de contenido audiovisual a través de celulares. Para probarlo, nos muestra un gráfico que demuestra que, si bien se siguen vendiendo casi 8 millones de televisores por año en Alemania, la renovación de los celulares llega a casi 30 millones en el mismo período.

"Si la gente mira fútbol en una pantalla más pequeña, hay que tenerlo en cuenta incluso en las gráficas, que deben ser reconocibles también en estos dispositivos", señala el ex CEO de la DFL. La empresa rediseñó todo su paquete gráfico, para que pudiera funcionar en cualquier pantalla. El proceso estuvo liderado por un diseñador argentino, Juan Pablo Kessler, y mereció el premio al diseño digital del año, en Alemania.

Sin embargo, no todo es tan lineal. "Nuestros estudios muestran que la mayoría de la gente ve deportes en la pantalla más grande que tenga a disposición. Así que no podemos sólo enfocarnos en los teléfonos, o estaríamos dejando fuera a gran parte de la audiencia", se sincera el jefe.

Pasando al segundo aspecto, que es la distribución, Seifert reconoce que la tendencia comenzó a cambiar hace algunos años: "Fue en 2007 cuando la Deutsche Telekom transmitió el primer partido de Bundesliga para teléfonos celulares".

Que gran parte del mundo pueda disfrutar de una conexión de banda ancha de alta velocidad, hace que el contenido se pueda distribuir en alta definición e incluso ya se emiten partidos de Bundesliga en ultra alta definición, conocida popularmente como 4K y 8K, por su resolución.

No obstante, gran parte del mundo no es todo el mundo y hay realidades distintas. "Somos la empresa alemana de medios más internacional que existe. Un clásico alemán se distribuye en más de 200 países", se enorgullece Seifert. Pero acá nos deja el dato de África, para que vea que no le estaba exagerando: "El 40% de los africanos usan teléfonos con tecnología 2G, por lo que hay que pensar en la transformación digital, pero no podemos ignorar las condiciones de una audiencia tan grande como esa". ¿Qué tal?

Ahora, pasemos al tercer aspecto, que le va a demostrar lo mucho que conoce la DFL a usted que mira Bundesliga, pero también a su hijo y a su nieto, si es que ya los tuviera. Ese aspecto es, como decía Seifert, el consumo.

Para ejemplificarlo, nos muestra dos fotos de momentos históricos de la humanidad ocurridos hace no tanto tiempo. Ambas son de la plaza de San Pedro, en Roma. La primera, de 2005, muestra una gran cantidad de gente mirando la asunción del papa Benedicto XVI. La segunda, en el mismo lugar y con el mismo ángulo, es de 2013, cuando fue proclamado Francisco. En esta última podemos apreciar la misma cantidad de gente, pero cada una con una pantallita encendida, retratando el momento histórico.

La DFL realizó un amplio estudio sobre la llamada generación Z, que son los jóvenes nacidos en la era digital, que consumirán fútbol en el futuro. "Si le preguntas a un miembro de la generación del *baby boom* por la duración de un clip sobre el partido, está dispuesto a ver 13 minutos, en promedio. Un chico de la generación Z no acepta más de 8", prosigue Seifert con sus cifras.

Los deportes en vivo ya no se ven simplemente en un televisor. "Hay un 30% de los consumidores que tienen al menos una pantalla más a la que prestan atención", revela el quien era el mandamás de la DFL. Esta segunda pantalla se usa para ver otro partido en simultáneo, buscar datos sobre el encuentro que ven por televisión o comentarlo en las redes sociales.

Esta nueva generación Z, además, ya está acostumbrada a que hay contenido en internet por el que deben pagar. "El hecho de que sepan que el contenido tiene un valor monetario es una gran oportunidad para los medios", afirma nuestro invitado sobre el futuro. Pero también nos cuenta que el 80% de estos chicos escogen siempre la pantalla más grande que tiene al alcance. El contenido emitido por televisión tiene un gran futuro. Lo que está muriendo es la programación tradicional que conocimos hasta ahora.

Una liga de fútbol se transforma entonces en un gran medio de difusión de contenidos. La DFL se ha preparado durante años para enfrentar este nuevo desafío y esa es la razón por la que, como le contaba, incluso la televisación de los partidos se realiza a través de una subsidiaria de la DFL.

Esta empresa, por ejemplo, ya ha probado la televisación del fútbol en formato 9:16, que son las proporciones de un teléfono puesto en vertical, como se utiliza en Instagram. "Ya no tenemos que organizar un partido, televisarlo y vendérselo a un medio. Tenemos que trabajar junto a los medios para ofrecerles soluciones", afirma Seifert. Y una solución puede ser emitir un partido por una cuenta de Instagram. No crea que estamos lejos de que ocurra.

Para asistir a quienes son sus socios en la difusión de la Bundesliga en todo el mundo, la DFL recreó el archivo completo en imágenes de toda la historia de la liga profesional. Cada movimiento que se produjo desde el primer partido, disputado en 1963, está digitalizado en el enorme archivo reconstruido y puesto al servicio de la difusión del fútbol alemán.

En resumen, una charla que, a través de números y análisis, nos permitió llegar al interior del cerebro que comanda la revolución del fútbol alemán como entretenimiento. Toda organización exitosa, como la Bundesliga, necesita comenzar a pensar con su cabeza, y en esta parte del viaje pudimos conocerla.

Lo invito ahora a pasar de página, para conocer el próximo eslabón de la cadena. ¿Le gustaría saber cómo se administra un club de la Bundesliga? Ahí vamos...

CAPÍTULO 4

EIN GANZ BESONDERES UNTERNEHMEN [UNA EMPRESA MUY ESPECIAL]

"De Ze Roberto a Michael Ballack. De Toni Kroos a Arturo Vidal. Hay una gran cantidad de estrellas que comienzan su carrera aquí".

Simon Rolfes, director Deportivo del Bayer 04 Leverkusen.

Hasta aquí le he venido contando que algo que define la forma de trabajo de los clubes alemanes es la solvencia, expresada por la salud de sus finanzas. Prácticamente todas las instituciones tienen balances positivos en el mediano plazo, más allá de alguna temporada con ocasionales números en rojo.

Esto, que a cualquier empresario le parecería una obviedad, bien sabemos que no es algo común en el mundo del fútbol, especialmente en las grandes ligas europeas. Los clubes alemanes se manejan con una responsabilidad que no sólo obedece a la idiosincrasia local para hacer negocios, sino que responde también a un conjunto de reglas muy claras, establecidas por las mencionadas DFB y DFL.

Ya le expliqué cómo funciona el sistema de licencias, pero para entender en profundidad qué es lo que hace un club alemán, hay que conocer una norma que es única en el contexto del fútbol europeo.

En Alemania existe una regla madre, que popularmente se conoce como 50+1. Ocurre que todos los clubes son sociedades anónimas y su capital es aportado por un conjunto de accionistas. A través de esta norma, las instituciones rectoras del fútbol alemán intentan evitar que una empresa o un inversor controlen monopólicamente un club, limitando su poder de decisión.

Dicho de otra forma, usted podría comprar acciones en un club alemán, pero el 50% de estas quedan en el club, más una acción con derecho a voto (de ahí lo de 50+1). Algunos también la llaman la ley 'antijeque', por el hecho de que evita que se creen 'clubes estado' o regidos por un capitalista, como ocurre en Francia, Inglaterra, España o Italia.

Hasta 1998, los clubes alemanes eran sociedades civiles, pero los problemas financieros de muchas instituciones y la necesidad de competir en Europa con equipos que tenían mayores flujos de fondos, llevó a la federación alemana a aceptar la entrada de capitales privados en el fútbol.

Toda regla tiene excepciones, y es que para cuando se estableció esta nueva legislación existían instituciones como el Bayer 04 Leverkusen, que fue fundado por el propio laboratorio Bayer, o el VfL Wolfsburg, creado por la automotriz Volkswagen. Dado que la administración del club se realizó en forma responsable desde su creación, se les permitió seguir funcionando de esa manera.

Se estableció también que cuando un inversor probara durante un período de más de 20 años que su objetivo en el club es el de promover el deporte, observando los valores de la Bundesliga, tendría la posibilidad de adquirir un porcentaje de acciones superior al 50%. Este fue el caso de Dietmar Hopp, uno de los fundadores de la empresa SAP, quien se transformó en accionista mayoritario del club TSG Hoffenheim.

Hay otra excepción, más reciente, como es el famoso caso del RB Leipzig. La empresa Red Bull adquirió una franquicia en 2009 y fundó una institución bajo el formato de 'club de socios'. Poniendo todo un proyecto profesional detrás de esta creación, logró llevarla rápidamente a Primera División.

No exento de críticas, por la forma en que surgió y porque no permiten la participación de los hinchas en las decisiones, cumplió las reglas establecidas para obtener la licencia y es la propia DFL la que controla sus balances para evitar situaciones de ventaja frente a sus competidores.

A pesar de esta 'anormalidad', el proyecto del RB —Rasen Ballsport [deportes de pelota sobre pasto]— le ha devuelto el fútbol a una ciudad, de casi 600.000 habitantes, que ahora disfruta de un moderno estadio que será sede de la Euro en 2024, y ve cómo el equipo de su barrio se mide con los más grandes de Europa en la Champions.

Otro caso particular es el del Borussia Dortmund, el único club que decidió salir al mercado, cotizando en bolsa. En lugar de tener un inversor mayoritario, el 60% del capital de la empresa se comercializa cada día en la bolsa de valores. El resto pertenece a empresas que habrá visto que ponen su nombre en el club, como Signal Iduna (nombre del estadio), Evonik (auspiciante de la camiseta en Europa) o Puma, la marca que provee toda la indumentaria deportiva.

En otro extremo podemos ubicar al Union Berlín, institución de la que me ocuparé más adelante en detalle, que no ha aceptado el ingreso de inversiones privadas y sigue funcionando como un club que pertenece completamente a los socios.

ESPAÑA EN LA BUNDESLIGA

Para conocer en profundidad cómo funciona un club del fútbol alemán, tuve la posibilidad de hacerlo en nuestro idioma. Desde hace algunos años, el Bayer 04 Leverkusen es precedido por Fernando Carro, un español de nacimiento, y alemán por adopción.

Con padre español y madre alemana, realizó todos sus estudios en instituciones alemanas y fue directivo de empresas en ambos países antes de asumir el puesto de CEO del Bayer Leverkusen en julio de 2018. Un caso inédito, ya que es el primer presidente de un club alemán que tiene al español como lengua madre.

En un lugar paradisíaco, en los Alpes austríacos, tuve una riquísima charla con uno de los directivos más importantes del fútbol alemán mientras el primer equipo realizaba los trabajos de pretemporada.

Como buen español (en rigor de verdad, catalán y socio del FC Barcelona), vive el fútbol con la misma pasión que los alemanes, pero lo expresa de igual forma que nosotros en Latinoamérica. Cuando la charla se dirige hacia el tema de la pelota, aparece un brillo en sus ojos y su voz se eleva como si estuviera en la tribuna del estadio. Cabe preguntarse ¿cuál es la razón de que un club como el Bayer 04 haya buscado un presidente extranjero? Carro lo tiene claro: "Me escogieron por mi currículum en el mundo empresarial. Pero es evidente que mi nacionalidad permite buscar otros objetivos, como internacionalizar más el club".

El verbo internacionalizar está muy de moda hoy por hoy en el fútbol alemán. Y en el Bayer Leverkusen es especialmente importante ya que, por ejemplo, tiene más seguidores en redes sociales en español que en alemán.

Este hecho tiene dos explicaciones simples. Primero, la estrecha relación histórica del club con los jugadores latinoamericanos, como Arturo Vidal, Charles Aranguiz, Diego Placente y, especialmente, Javier *Chicharito* Hernández.

Sólo el mexicano le aportó dos millones de seguidores, al poco tiempo de comenzar a marcar goles para el club.

La segunda razón es que Leverkusen es una ciudad muy pequeña que, de hecho, nació varios años después que el propio club y en donde todos trabajan, trabajaron o son parientes de alguien que lo hace para el laboratorio Bayer. Por tanto, la masa de hinchas no es tan grande como puede tener una ciudad populosa como Dortmund o Múnich.

En este sentido, que la cabeza hable español (además de alemán fluido) es una ventaja, porque, como dice Carro: "El español es un idioma muy importante en el mundo del fútbol".

Para el dirigente, presidir un club de fútbol es una tarea diferente a otras que ha tenido, siendo que el catalán había sido CEO en más de una multinacional. Por mayor eficiencia que tenga la gestión, al final del día se le juzgará por si la pelota entra o pega en el palo.

Un club de fútbol tiene más objetivos que una empresa tradicional, porque tiene que dar ganancias y repartirlas, tiene que respetar las tradiciones de la ciudad y tiene que ganar. Cierto es que tienen una ventaja si los comparamos con Latinoamérica, por ejemplo. Los alemanes tienen más paciencia que nosotros y pueden entender que primero está el club y los socios, y luego los éxitos deportivos.

"En varias conferencias he explicado que hay diez similitudes y también diez diferencias entre presidir un club y una empresa convencional", afirma Carro. "Es claro que la atención mediática que despertamos es distinta. También, que tenemos un objetivo deportivo que muchas veces se pone por delante de todo", continúa.

Las similitudes no son visibles para el hincha, pero detrás de un equipo hay una organización con diferentes departamentos liderados por personas que llevan a cabo procesos, tal como cualquier multinacional. De hecho, los clubes actuales tienen oficinas en otras partes del mundo, como

Hong Kong o Nueva York, para entender más de cerca a los 'clientes' en otras partes del mundo.

Los directivos, en tanto, están sometidos cada vez a mayor presión. En los últimos años hemos sido testigos de la llegada de capitales extranjeros a los principales equipos de Europa, destinados principalmente a invertir en grandes estrellas para mejorar las plantillas. Esto se tradujo en una inflación de precios y salarios que llegó a cuadruplicar los gastos que se realizan en estos ítems.

A principios de siglo, una transferencia de 50 millones de euros era, por lejos, la más cara de la historia. Hoy en día, o al menos hasta antes de la crisis de la pandemia, hasta un arquero podía costar más que eso, y se han llegado a pagar cláusulas de más de 200 millones de euros por un jugador.

Para los clubes alemanes esto representa un desafío a su filosofía. Es muy difícil llegar a estos valores teniendo, como hemos visto, poco aporte de capitales externos, números en orden y las entradas más baratas de Europa. La ventaja, como decía, es que literalmente podría preguntarle a un hincha del Gladbach si estaría dispuesto a duplicar el valor de las entradas por un año para comprar a Messi y estoy seguro de que el 99% se negaría.

"Si tus costos aumentan, también deben hacerlo tus ingresos", comenta Fernando Carro con una sonrisa. Si las entradas no se pueden aumentar y los estadios ya están repletos de gente, sólo quedan dos fuentes de entrada de dinero que podría crecer: los derechos de televisión y los auspiciantes. Como hemos visto, los primeros están en un momento de transición, en el que de momento van a la baja, a medida que los medios en el mundo se están reconvirtiendo.

"Una de las alternativas que tenemos es hacer crecer el ingreso por auspiciantes, internacionalizando la marca Bayer Leverkusen", asegura su CEO. Hay otra fuente de ingresos que son las transferencias, que suelen ser negativos en los equipos más grandes, porque van detrás de las estrellas más costosas.

El Bayer Leverkusen tiene otra visión al respecto. "Un aspecto importante es combinar el talento de los jóvenes de nuestra cantera, con otros jóvenes que compramos en el mercado", revela el mandamás sobre su estrategia.

Este último punto destaca al Bayer Leverkusen, que en los últimos años ha vendido talentos por muchos millones, como Julian Brandt o Kai Havertz, quien fue el jugador alemán más caro de la historia tras su traspaso al Chelsea. Havertz fue forjado en la cantera y Florian Wirtz, llamado a ser su sucesor, arribó al equipo juvenil del Bayer, procedente del Köln.

Respecto de jóvenes talentos que adquieren en el mercado, hay ejemplos como el de Diaby o Bailey, que llegaron al club con pocos pergaminos, por su corta edad, y se transformaron en algunos de los talentos más buscados de Europa.

En general, la Bundesliga o la Ligue 1 de Francia tienen el menor promedio de edad en sus plantillas de todas las ligas *top*. Muchos equipos dicen abiertamente que en Alemania no se compran estrellas, sino que se las fabrica. El punto clave que equipos como el Bayer Leverkusen deben lograr, como próximo paso, es generar el atractivo deportivo para que esas estrellas que fabrica jueguen muchos años en el club.

"Nosotros queremos jugar con los equipos *top* de Europa, pero somos conscientes de que nuestro potencial económico aún no se equipara al de un Real Madrid o al de un FC Bayern", se sincera Carro. Por tanto, es muy importante el trabajo de los 'ojeadores', para adelantarse a los demás clubes y encontrar esas joyas en bruto que aún no han sido descubiertas.

Decía antes que no es posible vender más entradas o cobrarlas más, pero sí se puede obtener mayores ingresos de parte de los hinchas. Claramente, en el mundo actual, es mucha más la gente que ve un partido en diferentes medios que la que va asiduamente al estadio. Y ahí reside la oportunidad.

Siendo el Bayer Leverkusen un equipo de una pequeña ciudad, se encuentra en el final de la lista de los clubes con mayores *ratings* televisivos en Alemania. Pero, como dice Carro: "Somos el cuarto club en Alemania en cuanto a seguidores en las redes sociales".

Históricamente, el club ha sido un ícono de internacionalización, empezando por su plantel. Hay, por ejemplo, una gran tradición de jugadores brasileños que han dejado huella en la historia. Además, en una liga en la que los clubes son renuentes a contratar jugadores de mercados no tradicionales, el Bayer tiene siempre planteles con jugadores de todo el mundo, con especial peso de Latinoamérica.

Generar seguidores en todo el planeta es tan importante como tener muchos hinchas en Alemania. La mayoría de los grandes auspiciantes que están detrás de los clubes tienen intereses en todo el mundo, aun cuando sean empresas nacidas en Alemania. Concretamente, el laboratorio Bayer es, tal vez, uno de los más famosos del mundo, con fuerte presencia en Asia, los Estados Unidos y Latinoamérica.

Que un millón de mexicanos haya empezado a seguir al club en redes sociales a partir de Chicharito, es un gran incentivo para cualquier empresa con intereses en ese país. Bayer Leverkusen lleva en el pecho la 'cruz de Bayer' como escudo. Se conoce así al logo que muestra la palabra 'Bayer' en vertical y horizontal, formando una cruz. Ese símbolo es parte del ADN del laboratorio, con lo cual, el beneficio publicitario es muy claro.

PENSANDO EN LA GENTE

En los capítulos anteriores hablaba sobre cómo la liga y los clubes consideran al hincha como su activo principal y realizan todo lo que está a su alcance para cuidarlo y facilitarle la tarea de seguir a su equipo adonde vaya.

En algunos países de Latinoamérica se discute sobre el formato jurídico que tiene que tener un club de fútbol, argumentando que una sociedad anónima estaría orientada a lograr ganancias, incrementando el costo de las entradas y sin atender la función social que debe tener una institución de este tipo.

Esto no debe ser necesariamente así y el mejor ejemplo para probar este punto lo encontramos en los clubes alemanes. "La gran diferencia entre la Bundesliga y el fútbol español es la relación muy cercana que hay entre la institución y los hinchas", asegura Carro, quien conoce también muy bien al fútbol de su país.

En su opinión, la mencionada regla del 50+1 es una prueba de ello y está basada en un aspecto más profundo, que define a la organización política y social de Alemania. "En este país, las empresas tienen un directorio, pero los empleados participan en forma directa de las decisiones", asegura.

Como también le contaba, el Bayer Leverkusen es una de las excepciones a la norma del 50+1. El laboratorio Bayer es el dueño del 100% de las acciones del club. Sin embargo, en la práctica, funcionan como un auspiciante.

El club trabaja con un presupuesto independiente y recibe del laboratorio la suma fija de 25 millones de euros por temporada, por el nombre del estadio, conocido como BayArena. Si el presupuesto no se cumpliera, no aparecerá el laboratorio a pagar las deudas, sino que tendría que ser algo que se resolviera con los propios recursos generados por el club.

La institución Bayer 04 Leverkusen Fuβball GmbH está especializada en el fútbol, como única actividad deportiva. Originalmente, el club fue fundado como TSV Bayer 04 Leverkusen, el 1 de julio de 1904, atendiendo muchas más disciplinas deportivas.

Esta institución se separó de la división fútbol en 1999 y siguió funcionando en forma independiente, incluyendo una gran cantidad de actividades deportivas que van desde el

básquet hasta el judo. Es hoy el club deportivo más grande de la ciudad y uno de los más grandes del estado, siendo también propiedad del laboratorio Bayer.

Con esto, queda demostrado que el hecho de que un club se maneje como una empresa privada, no 'priva' a la sociedad de ninguno de sus beneficios y le permite seguir cumpliendo con la tarea de impulsar el deporte en la región.

De hecho, Leverkusen es famosa por ser la cuna del deporte olímpico alemán y tiene el orgullo de que una gran cantidad de medallas doradas hayan sido logradas por atletas que entrenan en la institución. Muchas de ellas fueron logradas en las distintas ediciones de los juegos paralímpicos, dado que el club ofrece una amplia variedad de disciplinas para deportistas con discapacidad.

LA CONQUISTA DEL MUNDO

Los equipos alemanes parten con una desventaja respecto de ingleses o españoles en términos de llegar a hinchas que viven fuera del país. Esto se da por una cuestión puramente idiomática, ya que en todo el mundo se comprende el inglés. Por otro lado, el español es uno de los idiomas que se habla en mayor cantidad de países, incluyendo un continente entero.

El alemán, en tanto, es uno de los idiomas más populares en Europa, ya que, además de Alemania, Austria y Suiza, muchos otros países lo tienen como segunda lengua. Pero salir de los límites del continente para llegar a Asia o América requiere de un esfuerzo mayor.

Una de las atracciones de la Premier League, por poner un caso, es que en el último tiempo le abrió sus puertas a los mejores entrenadores del mundo, que atraen la atención de mucha gente, más allá de los jugadores a los que dirigen.

Técnicos como Pep Guardiola, Jürgen Klopp, Carlo Ancelotti o Mauricio Pochettino pueden dirigir allí sin problemas, a pesar de no tener al inglés como lengua materna.

En Alemania es un poco más complicado, porque no es normal que los italianos, españoles o latinoamericanos hablen este idioma. "Pep Guardiola aprendió alemán antes de dirigir en la Bundesliga. No es que lo hablase perfecto, porque es una lengua muy difícil, pero se podía manejar en el idioma", recuerda Carro.

Según el presidente del Bayer Leverkusen, tener un dominio básico del idioma es un requisito indispensable para manejar al vestuario. Esto saca de carrera a algunos de los entrenadores con más prestigio. Por ejemplo, los argentinos Simeone o Gallardo, el italiano Allegri o el español Luis Enrique seguramente podrían aportarle mucho a un club alemán, pero deberían antes comenzar a aprender una lengua que es de las más complejas del mundo, especialmente para los que tienen raíces latinas (y se lo digo por experiencia personal).

En cuanto a los jugadores, este no es un requisito excluyente. En el plantel del Bayer Leverkusen, en los últimos años, ha habido mexicanos, argentinos, brasileños, colombianos y chilenos, sólo por citar países de Latinoamérica. El club es famoso en Alemania por la forma en que logra integrar a los extranjeros que llegan de países con culturas muy diferentes.

"Para los jugadores no es un requisito indispensable. Nosotros fichamos chicos de todo el mundo, que poco a poco van aprendiendo el idioma", revela el hombre nacido en Cataluña. Pero, para que esto sea posible, como decía, hay que trabajar en la integración.

Un caso concreto para ejemplificarlo es el del mexicano Javier *Chicharito* Hernández. Antes de llegar a Leverkusen, había pasado por el Real Madrid y el Manchester United. Dado que muchos mexicanos, como él, hablan un fluido inglés, integrarse con sus compañeros y el entrenador no le

supuso un problema. La mayor dificultad seguramente fue acostumbrarse al clima de Manchester.

En Alemania, en cambio, tuvo que enfrentarse a la complicación de no hablar el idioma. Una ventaja que este país ofrece a los extranjeros es que el nivel de inglés de gran parte de la población es muy bueno, con lo que aún sin el alemán, no es imposible comunicarse.

El comienzo, de todos modos, fue complicado para el mexicano. Pero al cabo de un año y medio, ya podía comunicarse en alemán y empezaba a disfrutar de algunas de las ventajas que tiene este país. "Como jugador del Real Madrid, hay algunas zonas de la ciudad que no puedes visitar, sin que la gente o los medios te acosen. En Alemania noto que la gente me conoce, pero respeta mi privacidad, si me encuentran en un restaurante", me contó una vez Chicharito.

Los clubes más internacionalizados, como el Bayer Leverkusen, tienen un departamento de ayuda a los extranjeros para que la integración sea lo menos problemática posible. Estos departamentos asignan gente que acompaña a los jugadores, les traduce indicaciones en los entrenamientos y hasta ayuda a sus familias a conseguir una escuela para los chicos.

Una vez superada la barrera del idioma y el clima, los jugadores comienzan a disfrutar de un país que es diferente a lo que conocían, especialmente si vienen de Latinoamérica. Otro jugador del Bayer Leverkusen, como Charles Aranguiz, recuerda siempre que el día siguiente al partido él puede salir tranquilamente a la calle, independientemente del resultado. Esto parece una obviedad, pero lamentablemente no ocurre en todos lados.

El gobierno alemán tomó nota de un problema que la humanidad tendrá en el futuro, que es el envejecimiento de la población. Por tanto, promueve que la gente forme una familia y facilita la tarea de criar niños. Para los jugadores de fútbol del más alto nivel, sentir que su familia está contenida por un sistema que los ayuda, es una tranquilidad que les permite concentrarse sólo en la tarea de ganar el fin de semana.

El mismo Charles Aranguiz me contaba que sus hijos hablan mejor alemán que él e incluso le han enseñado algunas cosas. Arturo Vidal no quería moverse de Múnich, porque cuando uno de sus hijos tuvo un problema de salud, recibió el mejor tratamiento médico.

En resumen, para una estrella internacional venir a Alemania puede ser complicado, pero si superan el primer paso, la vida fuera del campo de juego les permite disfrutar de muchas cosas. En esto trabajan los clubes para compensar las dificultades que el idioma, la cultura o el clima representan, por ejemplo, para un latinoamericano.

UN CLUB, UNA FAMILIA

En definitiva, creo que en esta parte de nuestro viaje conocimos un poco del ADN de un club alemán. Tal vez no el de un club típico, por su origen y por su condición, pero sí de uno de los tantos que representa los valores de la Bundesliga.

Creado por una empresa, pero conducido como una familia. Un club que apuesta al desarrollo del deporte en la región, que integra a jugadores que vienen de las más diversas culturas y que logra competir al más alto nivel manteniendo sus cuentas en orden.

Pero, al final del día, como decía al comienzo del capítulo, a los dirigentes los van a juzgar también por si la pelota entra o pega en el poste. En ese sentido, Fernando Carro se despide de nosotros con una confesión: "Hace más de 25 años que este club no levanta un trofeo. Y yo no sólo sueño, sino que le aseguro que estamos haciendo todo lo posible para ganar un torneo cuanto antes..."

Así llega el momento de pasar a la próxima escala de nuestro viaje. Para ello, voy a proponerle retroceder casi 20 años en el tiempo para recordar una de las etapas más duras del fútbol alemán y cómo se forjó la semilla del poderío actual de la Bundesliga.

CAPÍTULO 5

DAS FUßALL WUNDER [EL MILAGRO DEL FÚTBOL]

"Le dije a Mario Götze que le mostrara al mundo entero que era mejor que Messi, y que podía definir este partido".

Joachim Löw, campeón del mundo en Brasil 2014.

La historia del fútbol alemán, muchas veces vestida de gloria, ha tenido también momentos muy bajos. Como ocurrió en otros aspectos de la vida de este país, el fútbol tocó un suelo y tomó un fuerte impulso para llegar al cielo nuevamente.

En economía se conoce como el milagro alemán a la reconstrucción que comenzó en 1948, cuando se creó el marco como moneda, y cuando la por entonces llamada República Federal Alemana o Alemania Occidental pasó de ser una ruina de escombros posguerra a uno de los países más prósperos de la tierra.

El que yo llamo 'milagro del fútbol' no llegó hasta esos escombros, pero sí hasta una situación que las más altas esferas de la DFB consideraron inaceptable. A partir de ahí, el giro fue tan brusco y el camino elegido tan arduo y tenaz que no podía menos que dedicarle un capítulo de este viaje, porque nos va a ayudar a entender cómo piensan los alemanes ante los problemas.

Un marcado cuello de botella en la renovación de una generación muy exitosa afectó a los principales clubes de la Bundesliga, pero se manifestó de pleno en el seleccionado alemán. De repente, todo el sistema se resquebrajó y comenzaron las dudas.

Los hechos que voy a relatarle ocurrieron en la década que va desde el año 2004 hasta 2014, cuando la selección alemana derrotó al combinado argentino en la final de la Copa del Mundo de Brasil. Mucha de la información que le voy a contar se encuentra en un maravilloso libro dedicado a este milagro, llamado *Das Reboot* [*El reinicio*], escrito por un gran periodista alemán, Raphael Honigstein. Como además es un amigo, me autorizó a compartir parte de su obra, la que lamentablemente no se ha editado en español.

LA PEOR DERROTA EN LA EURO

Empezamos, como le decía, en el año 2004. Los memoriosos recordarán que fue entonces cuando se jugó la Eurocopa en Portugal, famosa por haber sido ganada por el seleccionado griego, que no estaba en los planes de nadie.

Alemania estaba en un nuevo proceso a cargo de un entrenador que fue, y sigue siendo, toda una celebridad para el fútbol de este país: Rudi Völler. Luego de haber perdido la final de la Copa del Mundo de Corea/Japón ante Brasil, la federación, y todo un país, se preparaba para organizar un nuevo mundial de fútbol, como en 1974. Pero esta vez sería en una Alemania unida.

Años más tarde, los historiadores reconocerían a aquella Copa del Mundo como un punto de relanzamiento de una sociedad que ya era pujante, pero que empezó a sentirse mucho más unida y vigorosa a partir de 'su' Mundial.

En este contexto, con el gran acontecimiento a la vuelta de la esquina, el seleccionado de Völler jugaba la fase de grupos en Portugal. Un empate a uno con Holanda y otro sin goles frente a Latvia serían el plato de entrada de una durísima derrota, 2 a 1, frente a los suplentes de la República Checa. Resultado: renuncia del entrenador.

La Euro ha sido siempre un torneo muy importante para los hinchas alemanes y su equipo se volvía a casa sin haber superado una fase de grupos en la que al menos dos de los tres rivales eran accesibles, en los papeles.

La selección alemana y el equipo más famoso de este país, el FC Bayern, vivían una crisis de identidad coincidente. Una vez Lothar Matthäus me dijo: "Alemania ha sido fuerte en las épocas en las que el Bayern también lo era". Y ambos se encontraban en este 2004 en medio de un recambio generacional, jugando un fútbol difícilmente reconocible para un espectador de hoy. El plan era apostar a un 1-0 o a un 0-0 defendiendo con los dientes y dejando que el rival hiciera todo el esfuerzo ofensivo.

Faltaban dos años para la Copa del Mundo con la que todos los alemanes soñaban. Aquella que se iba a jugar en su tierra reunificada. Pero el equipo nacional no tenía entrenador, carecía de jugadores insignia y no se veía un plan desde la federación respecto de los próximos pasos.

COMIENZA LA RECONSTRUCCIÓN

Berti Vogts había tenido a su cargo al equipo nacional justo después de la Copa del Mundo de Italia y le tocó dirigirlo en los campeonatos de los Estados Unidos y Francia. En ese período, llevó a los alemanes a su último título continental en la Eurocopa de 1996.

La leyenda del fútbol alemán se encontraba de vacaciones en los Estados Unidos, en el verano de 2004, y tuvo la idea de encontrarse a comer un asado con otra celebridad que estaba viviendo en aquellas lejanas tierras: Jürgen Klinsmann.

Uno de los grandes goleadores del fútbol alemán había terminado su carrera en 1998 y se había retirado a disfrutar del sol de California. El propio Klinsmann cuenta que ese asado se extendió por horas, en las que hablaron en profundidad sobre la realidad de la selección alemana. Jürgen le expuso ideas que hicieron brillar los ojos de quien fuera su entrenador durante tantos años.

Estos conceptos llegaron rápidamente a la DFB, que empezó a considerar a su exgoleador como el guía que los llevaría a reconstruir las bases de la selección. En palabras de Völler, tantas veces compañero de Klinsmann y a la postre su antecesor, sólo Philipp Lahm tenía el ritmo para jugar el tipo de fútbol que empezaba a surgir en los albores del siglo XXI. El equipo alemán era lento, previsible y sin audacia.

Jürgen llegaba con un plan de revolucionar los entrenamientos, contando con especialistas para cada área del juego. En su cabeza, Alemania era como una máquina de 20 años de antigüedad que había que renovar. Para ello, trazó un plan de una década.

No hay alemán que funcione sin un plan, por lo que sus ideas cayeron muy bien. Claro, en un horizonte tan lejano, la Copa del Mundo de 2006 quedaba demasiado cerca. Y así fue como nunca se imaginaron ganarla, pero la mejora, respecto de 2004, debía empezar a verse.

Y en la revolución Klinsmann aparecería un nombre que nadie, salvo él, tendría en cuenta. El mundo del fútbol alemán hablaba de armar un equipo de trabajo con las glorias de la selección que ganaron un Mundial y una Euro, entre 1990 y 1996. Pero el futuro entrenador tenía otros planes.

El exgoleador de la selección alemana llamó a Joachim Löw para ser su técnico asistente. Jogi tenía un gran palmarés como jugador del Freiburg y había dirigido equipos de Primera División como el VfB Stuttgart y el Karlsruhe.

En una frase que Klinsi le dijo a Honigstein, está la explicación perfecta de por qué pensó en él: "Jugué 18 años como profesional. Nunca un entrenador, aun los más prestigiosos, me pudo explicar correctamente cómo tenía que moverse una línea de cuatro. A Jogi le tomó un minuto hacérmelo entender".

Así, Jürgen firmaría un contrato como entrenador de la selección, ya que tenía carnet habilitante, pero sólo por dos años. El plan era de largo aliento, pero él sabía que su función sería sólo darle el puntapié inicial. Y Löw formaría parte de su equipo, a pesar de todas las resistencias que tuvo que enfrentar para darle ese puesto.

La DFB encontraría en aquella generación dorada a su director deportivo. Oliver Bierhoff, goleador del equipo de 1996, tomaba el cargo que conserva hasta el día de hoy. Fue una propuesta de Rummenigge, con la que Klinsi también estuvo de acuerdo.

Todos estaban conformes con el nuevo equipo de trabajo. Hasta el verborrágico Uli Hoeneß, presidente del Bayern. Estas fueron sus palabras: "Es muy bueno que Klinsmann tenga el apoyo de un entrenador de verdad, que conoce todo sobre la Bundesliga. Y no alguien que estuvo de vacaciones 10 años en Canadá" (SIC).

ALEMANIA AL ATAQUE

Una de las primeras medidas de Klinsi fue quitarle la cinta de capitán a Oliver Khan y dársela a Michael Ballack. Al argumento de que un capitán debía estar más cerca del árbitro que lo que puede estar un arquero, también se le sumaba el simbolismo de que el jugador más importante del equipo era un delantero y no un arquero que era un símbolo de salvar a un equipo en dificultades.

Cada entrenamiento se transformó en un aprendizaje mental y futbolístico para un grupo de jugadores que no estaba acostumbrado un trabajo tan intenso. En las concentraciones eran visitados por atletas de otras especialidades que les contaban sus experiencias exitosas. Klinsmann quería cambiar por completo la mentalidad del jugador alemán.

Un recambio generacional, en el que comenzaban a aparecer nombres como el de Podolski o Mertesacker, era correspondido con un cambio de estilo. En Alemania era famosa la definición de la lógica del fútbol con las tres "K". En orden, era Kahn (el arquero salvador), Kampf [lucha] y Kopfball [cabezazo]. Ese era el plan hasta 2004.

Contra todas las críticas, un nuevo equipo de jóvenes empezaba a jugar un fútbol más dinámico y ofensivo que divertía a la audiencia. Pero no llegaba a convencer. De hecho, Klinsmann seguía viviendo en California, volando a Alemania sólo para los partidos. Esto no le gustaba a nadie.

Sin embargo, los miembros de aquel plantel cuentan que se sorprendían de ver que había un plan para atacar. De hecho, el trabajo se dividía en dos. Löw hacía todos los ensayos defensivos y Klinsmann las maniobras de ataque. Algo nuevo estaba naciendo y no muchos confiaban en el éxito de un cambio tan rotundo.

Y llegaría por fin el verano mágico de 2006, que algunos jugadores de aquel plantel describen como una fiesta de toda la nación. Alemania clasificaría a octavos como primero del grupo y todo un país saldría a la calle a celebrar después de muchos años. Los *fan fest*, en cada ciudad, estaban repletos cada vez que jugaba el que volvían a sentir como 'su' equipo.

La Nationalmannschaft siguió adelante, incluso derrotando a la Argentina en cuartos de final, en penales. El famoso papelito en el que el arquero, Jens Lehmann, tenía anotado cómo pateaban los argentinos, y que le permitió 'adivinar' los cuatro penales que le tiraron, atajando dos, se luce con orgullo hoy en el museo de Dortmund.

Alemania terminaría en el tercer puesto, derrotada en semifinales por la Italia de Pirlo y Cannavaro, que sería la campeona al final de la historia. El equipo recibiría un gran reconocimiento, tanto del público como de la federación. No obstante, Klinsmann sintió que era el final.

Su contrato expiraba en el verano de 2006 y prefirió no renovarlo para volver a pasar tiempo con su familia en los Estados Unidos. Su tarea, sin embargo, estaba cumplida. La mentalidad del jugador alemán había cambiado y Jogi Löw comenzaría a escribir su historia a partir de allí, sobre bases mucho más sólidas que las de 2004.

VOLVER A SEMBRAR

La nueva selección alemana tenía una generación de jóvenes que llegaron con una formación muy distinta a la de sus antecesores. Como es lógico, esto no se produce de un día para el otro, sino que fue parte de un plan que comenzó mucho antes.

Con una Alemania campeona de Europa, en 1996, Berti Vogts reconocía que necesitaban comenzar a trabajar de otra forma con los juveniles, para reemplazar a una generación que comenzaba a apagarse.

En aquel tiempo, la federación ya sabía que Alemania intentaría convencer a la FIFA, de la mano de Franz Beckenbauer, para organizar, 10 años más tarde, la famosa Copa del Mundo en casa. Para tal cita, se empezaba a notar que, de no hacer algo, la selección nacional no llegaría con un plantel competitivo.

No era que un país que había ganado tres Mundiales repentinamente se hubiera quedado sin talento. El problema estaba en cómo ese talento era descubierto y de qué manera lo conducían hacia el camino del profesionalismo.

Evaluando diferentes modelos de reclutamiento y preparación, se decidió seguir el ejemplo francés. En lugar de crear un centro de formación federal, se convenció y ayudó a los distintos clubes afiliados a la federación para que crearan sus propias academias. De esta forma, los chicos tendrían el seguimiento diario de un grupo de expertos.

Así, para la temporada 2001/2002, los 18 clubes que participaban de la Bundesliga tenían la obligación de contar con su propia academia juvenil. Algunos eran escépticos al principio, pero un fracaso en la Euro 2000 les había mostrado que el cambio era evidentemente necesario.

En la temporada siguiente, y ya con la DFL creada para representar a los 36 clubes de Primera y Segunda División, la academia juvenil era un requisito inevitable para obtener la licencia, en ambas categorías.

En poco tiempo, ya había en Alemania 366 establecimientos de formación de jóvenes futbolistas, en los que 600.000 chicos aprendían con la tutela de más de 1.300 entrenadores. Por aquel entonces, se invertían 14 millones de euros al año en el futuro del fútbol alemán.

Un cambio en las leyes migratorias, a comienzos del milenio, permitió que muchos extranjeros, que vivían hacía un tiempo en Alemania, pudieran obtener la ciudadanía. Esto abrió las puertas a niños de ascendencia turca, que habían nacido en este país y que ahora podrían defender los colores de su patria.

Se crearon las ligas nacionales para menores de 17 y 19 años y se estableció una licencia especial para los entrenadores, de forma de asegurarse que los formadores también hubieran recibido un entrenamiento adecuado. Uno de ellos, por ejemplo, sería Ralf Rangnick, quien luego de haber dirigido exitosamente al Hoffenheim y de ser parte de la dirección deportiva de Red Bull, es una de las mentes más reconocidas del mundo del fútbol alemán.

CRECIENDO CON LOS JÓVENES

El sistema de formación de juveniles seguía desarrollándose, y luego de la Copa del Mundo de 2006, se catalogaba a cada academia con estrellas. Aquellas con mejores estándares recibían subsidios económicos, con lo que se creó una carrera por intentar tener el mejor centro de formación de jóvenes de Alemania.

Un centro con tres estrellas recibía 400.000 euros al año, mientras que uno sin ninguna tenía derecho sólo a 100 mil. Era una ayuda, aunque el costo anual de una academia podía ascender hasta 5 millones de euros al año.

Con estas motivaciones, desde el 2001 hasta la obtención de la Copa del Mundo de Brasil, en 2014, los 36 centros de formación de juveniles de clubes de Primera y Segunda División invirtieron 1.000 millones de euros en desarrollar talentos.

Formar un profesional podía costar decenas de millones de euros, pero esa inversión empezó a ser justificada por resultados. El Mundial de 2010, en Sudáfrica, mostró a un equipo alemán ofensivo y dinámico, con sangre joven, al que los críticos empezaron a comparar con los mejores equipos de los años 70.

Uno de los chicos que experimentó aquel cambio de política, desde un principio, fue quien sería uno de los capitanes históricos de la selección alemana: Philipp Lahm. El exlateral cuenta que pasó de entrenar dos veces por semana en las instalaciones del Bayern a trabajar en forma intensiva de lunes a viernes. Para ello, las escuelas también se transformaron, creando programas de estudios para futbolistas en desarrollo, dándoles el tiempo suficiente para aprender tanto de los libros como de sus entrenadores.

Los jóvenes que se preparaban para ser profesionales tenían cada vez niveles más altos de educación, hasta el punto que se empezó a decir que el fútbol ya era algo de las clases medias alemanas.

La elite de formadores se dio cuenta de que el fútbol se había transformado en algo mucho más complejo y que no sólo se necesitaban chicos con talento, sino también con inteligencia. A los niños de 14 años se les empezó a brindar educación táctica y análisis de video para que fueran capaces de comprender los distintos cambios que podía proponer un partido.

El plan iba a dar resultados, como ya sabemos, pero también sería necesaria la paciencia típica de los alemanes, para esperarlos. Pasarían casi 15 años desde que un joven Philipp Lahm comenzara su formación hasta que capitaneara al equipo de Löw a la cuarta copa del mundo en la historia de la federación alemana.

En el medio, transcurrieron tres Copas del Mundo y otras tantas Eurocopas, en las que, como vimos, el resultado del equipo alemán fue considerado un fracaso. Pero dicen que el éxito se construye luego de haber fracasado varias veces, y de esto pueden dar fe los alemanes.

Löw llegaba al Mundial de 2014 con la experiencia de haber sido parte del cuerpo técnico de 2006 y de haber dirigido a aquel equipo de 2010 que sorprendió a todos en Sudáfrica.

Ya en 2014, de los 23 jugadores que Jogi llevó a Brasil, sólo Roman Weidenfeller y Miroslav Klose no provenían de las nuevas academias juveniles, sino que eran profesionales antes de su nacimiento. Y un total de 13 de ellos había asistido a la Escuela de Educación Superior, destinada a aquellos jóvenes futbolistas con mayor capacidad intelectual.

Klose, por caso, había dejado la escuela a los 16 años para comenzar a trabajar como carpintero. El sistema de formación que vino luego, en cambio, ponía a los estudios como un paso previo e inevitable en los albores de la carrera de cada joven.

La federación alemana le encomendó la tarea de dirigir las divisiones juveniles de la selección a Matthias Sammer, otro miembro de aquel plantel campeón en la Euro de 1996. El feroz mediocampista, que comenzó jugando en la Alemania Oriental y llegó a ganar un Balón de Oro, inculcó, en la mente de los chicos a su cargo, la idea de que el partido se gana si cada uno es exitoso en su duelo individual, teniendo más hambre que el oponente.

En 2008, la selección sub-19 ganaría el torneo continental en República Checa, alistando a jugadores como los hermanos Bender o Ron-Robert Zieler. En 2009, la sub-17 se impondría en el campeonato europeo, disputado en Alemania, con jugadores como Marc André Ter Stegen o Mario Götze. En ese mismo año, la sub-21 también ganaba la final de la Euro en Suecia, con 'nenes' como Manuel Neuer, Benedikt Höwedes, Mats Hummels o Sami Khedira.

De repente, los seleccionados juveniles alemanes, que solían dar algo de pena en Europa, lograban ganar el máximo título continental en las tres categorías. Esa era la semilla que estaba germinando en una generación que estaba destinada a darle mucho más a una nación futbolísticamente golpeada.

EL CAMINO A LA GLORIA

El mundial de Brasil debía ser el premio al trabajo de tantos años y el broche de oro para la carrera de muchos chicos que fueron los pioneros en las mencionadas academias juveniles. Pero Alemania se enfrentaba a muchos fantasmas.

Por empezar, nunca un seleccionado europeo había ganado un Mundial disputado en América. Además, a la selección de Löw le tocaría jugar en sedes en donde, aún en invierno, el calor es insoportable para un alemán, acostumbrado a otro clima.

El debut sería frente a la escuadra de Portugal de Cristiano Ronaldo, en el caluroso mediodía de la ciudad de Salvador, al norte de Brasil. Lahm contaría luego que a poco de correr tres metros comenzaban a sudar. Löw debió reprogramar sus entrenamientos para que ocurrieran temprano en la mañana o al atardecer, evitando las horas de calor extremo.

Para poder trabajar tranquilos, la federación alemana aceptó la propuesta de Löw, construyendo un complejo hotelero, con canchas de fútbol, en un terreno de 15.000 metros cuadrados, cerca de Porto Seguro.

A pocos kilómetros del complejo de 65 habitaciones y todas las comodidades, había un pequeño aeropuerto, desde donde podían volar a sus partidos de fase de grupos, que tuvieron lugar en las calurosas ciudades de Salvador, como le contaba, Recife y Fortaleza.

Todo el personal de servicio era de la zona y, como pago, les quedó el complejo hotelero, que podrían administrar en beneficio de los pueblos indígenas de la región. Además, el plantel alemán les donó una ambulancia para atender a las aldeas de los alrededores.

EL ÚLTIMO PASO

El trabajo estaba hecho, pero faltaba lo más importante. Siete partidos separaban a Alemania de la gloria y cada uno tuvo su valor. Una aplastante victoria ante Portugal, con tres goles de Müller, empezaba a perfilar a un equipo al que todos temían. En el segundo juego, Ghana les plantearía una batalla y los alemanes se marcharían contentos con un empate a 2.

El partido que cerraría el grupo los enfrentaría a una cara demasiado conocida. Es que enfrente estaba el equipo de los Estados Unidos, dirigido por un tal Jürgen Klinsmann. Un medio alemán tituló el partido como "Klinsmann gegen Klinsmen" [Klinsmann versus sus hombres]. Y, para colmo, un empate clasificaría a ambos a la próxima fase. ¿Habría arreglo entre dos viejos conocidos?

No lo hubo. Fue una victoria ajustada para los alemanes, con un gol de Thomas Müller. Pero el resultado entre Ghana y Portugal le daría la chance a los Estados Unidos de pasar de ronda. Todos contentos y en octavos.

Pero Alemania empezaba a mostrar los dientes. Un equipo que jugaba con cuatro centrales en defensa y un dinámico mediocampo formado por el trío Lahm-Schweinsteiger-Kroos. Arriba, la magia la ponían Özil, Podolski y Müller. Un combo perfecto para un fútbol dinámico, veloz y directo, como aquella exitosa Alemania de los años 70.

Como punteros del grupo, deberían enfrentarse a Algeria con una buena noticia: el partido se disputaría en Porto Alegre, mucho más al sur. Las temperaturas empezaban a ser algo más parecidas a lo que los alemanes estaban acostumbrados. Sin embargo, por causa de los cambios de temperatura, siete jugadores estaban resfriados, incluyendo al titular Mats Hummels, que no pudo ser de la partida.

Nada fue como esperaban los alemanes, cuya figura, en un empate a cero, terminó siendo Manuel Neuer, arriesgándolo todo en muchas salidas para cortar contraataques de Algeria. Pero aquí se produjo un cambio posicional que le daría a Alemania el impulso final. Un lesionado Mustafi obligó a Löw a poner a Lahm en su puesto natural de lateral derecho y al ingreso de Khedira a la mitad del campo.

En la prórroga lo ganaría Alemania por 2 a 1 ante la desaprobación de muchos brasileños que habían ido al estadio y que no querían que Alemania siguiera con su amenazante paso hacia un potencial cruce con la selección local.

Los cuartos de final los enfrentarían a Francia, en un clásico europeo que representa mucho para ambas naciones, tanto por lo deportivo como por todo lo que han vivido como vecinos. En un partido parejo, en el que Alemania llevó el control del juego, un excelso cabezazo de Mats Hummels vencería a Hugo Lloris y se transformaría en el único gol del partido.

HACIENDO HISTORIA

Así llegaríamos a un partido que será recordado como una de las demostraciones de fútbol más impresionantes de la historia de los mundiales. Alemania empezaba a transformarse en un temible equipo de fútbol y tendrían la posibilidad de demostrarlo en el Mineirao, nada menos que ante el equipo local.

Un partido que ponía a prueba el temple de los alemanes, que se había cuestionado luego de la derrota del Bayern de Guardiola por Champions, en Múnich, frente al Real Madrid, y por 4 a 0. Esa historia estaba todavía muy fresca en la mente de muchos alemanes.

Pero pasarían sólo 11 minutos para que Thomas Müller abriera el marcador. Y el mismo tiempo transcurriría hasta el segundo gol del equipo de Löw, a cargo de Miroslav Klose. La noche empezaba a ser mágica, porque con este tanto, el delantero nacido en Polonia se transformaba en el mayor goleador de la historia de los mundiales. Para colmo de los brasileños, el récord se lo quitaba a uno de sus hijos pródigos: Ronaldo Nazario.

Y aquí se desataría la Blitzkrieg [guerra relámpago]. Brasil caía 2 a 0 en el minuto 23 y, casi sin entender cómo, estaría cinco goles abajo apenas seis minutos más tarde. Kroos, quien había marcado el tercero, casi no los dejó sacar del medio antes de recuperar la pelota, pasársela a Khedira y recibirla nuevamente para anotar el cuarto.

Sería luego el propio Khedira el que marcaría el quinto, que mostraría un resultado abultado en el final de la primera parte. Me tocó ver ese partido en una habitación de un hotel, en Austria, junto a mi mujer. Recuerdo que ella fue al baño con el partido 2 a 0 y regresó poco después casi sin poder creer que Alemania ganaba por cinco en tan poco tiempo.

Schürrle ingresaría en el segundo tiempo para anotar dos goles más y Oscar, en el instante final, marcaría el descuento. Alemania ganaba 7 a 1 y Neuer estaba sacado, sin poder entender por qué le habían hecho un gol. "Das ist doch Scheiße" [Esto es una mierda], le gritó a sus defensores.

Un tremendo equipo se enfrentaba a su último desafío- frente a la selección argentina de Lionel Messi, que venía de eliminar por penales a la temible Holanda de Robben y compañía.

Christoph Kramer ingresaba en el equipo en lugar de Khedira, quien no estaba en condiciones físicas para jugar. El jugador, nacido en Solingen, chocaría con Ezequiel Garay y perdería completamente el conocimiento. Años más tarde me tocó entrevistarlo y fue él quien empezó a contarme la historia cuando mi nombre le trajo a la memoria al defensor argentino. "No logro recordar casi nada de lo que pasó esa noche en el Maracaná", me confesó.

Un partido muy parejo, en el que Alemania proponía y la Argentina contraataca con mucho peligro, terminó sin goles. Mario Götze, quien se acababa de incorporar al FC Bayern, había ingresado por Klose en el minuto 88 sin saber que quedaría para siempre en la historia del fútbol alemán.

La primera parte de la prórroga terminó sin goles y Löw le dijo a sus dirigidos que fueran a por todas en la segunda parte, porque el equipo argentino se mostraba cansado y cada vez le brindaba más espacios al ataque alemán. Müller le había dicho a Schürrle que había que intentar más ocasiones individuales, enfrentando a los rivales, que estaban disminuidos físicamente.

Y así fue como Andre Schürrle se escapó por la izquierda, casi sin oposición. Mandó un centro al primer palo que encontraría a Götze. Mario contaría luego que fue hacia esa posición por pura intuición, sin saber qué haría su compañero. En su pique corto se libraría de Zabaleta, recibiría la pelota con el pecho y conectaría una volea de zurda, que fue catalogada por Raphi Honigstein como el "gol más largo".

Alemania ganaba su cuarto título mundial a nivel de selecciones mayores de la forma que ellos saben hacerlo: siguiendo un plan. Desde la debacle de las Euros de 2000 y 2004, se puso en marcha una revolución integral para mejorar la técnica, disciplina y entrenamiento de las futuras generaciones.

Como dijimos, estas cosas son posibles en culturas como esta, que saben separar las pasiones deportivas de la racionalidad, teniendo la paciencia necesaria como para saber que pueden pasar una o dos Copas del Mundo antes de que se vean los resultados.

Y la mejor prueba de este método es lo que ocurrió luego de 2018, cuando Alemania sufrió otro fracaso. Lejos de ser destituido, Joachim Löw realizó una presentación pública de todos sus errores y aciertos en el camino hacia Rusia y fue confirmado en su cargo.

Ahora llega el momento de pasar página y encarar una nueva etapa de nuestro viaje. Ya volveremos en detalle al tema del desarrollo de las academias juveniles, que son el secreto del éxito del fútbol alemán. Ahora nos toca abordar nuevamente el tema de los hinchas para entender algo que para los alemanes es muy importante: los clásicos. Prepárese para conocer el mundo de las grandes rivalidades del fútbol alemán.

CAPÍTULO 6

DIE GROßE RIVALITATEN [LAS GRANDES RIVALIDADES]

"No vengo de otro planeta. Soy alemán y sé lo que significa el derbi del Ruhr para toda esta gente".

Jürgen Klopp, exentrenador del BVB.

A lo largo de este viaje he machacado la idea de que la Bundesliga está pensada para el público y, en especial, para aquellos que van al estadio cada fin de semana. Esto no ha empezado recientemente, sino que ha sido una política implementada por la DFB desde los albores del fútbol alemán.

En la primera parada de nuestro viaje le contaba sobre el arraigo cultural que tiene cada ciudad y cada región. Las más diferentes culturas e historias han forjado cadenas de ADN muy diversas en los distintos rincones de este país.

Esta diversidad también se manifiesta en el fútbol y ha hecho que los enfrentamientos deportivos se conviertan en la ocasión para mostrarle al vecino, o a aquel que venga de la otra punta del país, de qué está hecha cada ciudad, representada por un equipo de fútbol.

La mayoría de estos enfrentamientos comenzaron incluso mucho antes del nacimiento de la Bundesliga, cuyo primer torneo se celebró a partir del verano de 1963.

Muchas décadas antes, incluso previo a las guerras, ya había equipos como el Schalke, el Nürnberg o el Hamburgo. Pero también ya le he contado que antes de la Bundesliga no existía una liga nacional. De hecho, eso es lo que significa el término 'Bundesliga'.

Los equipos jugaban en las llamadas Gauligen, siendo que 'Gau' significa 'comarca' y 'Ligen', simplemente, 'ligas'. Así como no había algo como una República de Alemania, tampoco existía una liga que nucleara a equipos de distintas comarcas.

Este sistema imperó hasta la Segunda Guerra Mundial. Tras la derrota alemana, el país quedó dividido. Así fue como no sólo se crearon ligas para el este y el oeste, sino también en los distintos territorios occidentales que dominaban Inglaterra, Francia y los Estados Unidos.

En el capítulo anterior le contaba que el fracaso deportivo en la Euro llevó al fútbol alemán a refundarse. Por la misma razón, nació la primera liga nacional, denominada Bundesliga.

Desde hacía décadas se planeaba crear una Reichsliga [liga del reino]. Pero los problemas políticos, se imaginará, eran mucho más importantes. La unificación del fútbol llegó, finalmente, tras un fracaso deportivo, que fue el Mundial de Chile de 1962.

Los máximos directivos de la DFB notaron que no se podía competir contra Francia o Italia a nivel de selecciones si desde los clubes no se organizaba una liga nacional profesional, como tenía el resto del mundo. Así se creó la Bundesliga, en la ciudad de Dortmund.

¿Y a qué viene todo este cuento histórico? Bueno, lo mencionado anteriormente es de necesario conocimiento para entender cuando le diga que en Alemania no hay verdaderos clásicos históricos, como en otros países, sino derbis regionales.

¿Cuál es el clásico rival del Bayern München? En realidad, el equipo más grande de Alemania no tiene una rivalidad definida. Por cercanía, uno podría nombrar al 1. FC Nürnberg. Pero resulta que este era uno de los equipos más poderosos de Alemania, en tiempos en los que sus vecinos no tenían peso. Cuando el Bayern se transformó en el Bayern, el Nürnberg ya hacía tiempo que había dejado de ser aquel poderoso equipo de principios de siglo.

Ante el Hamburgo, otro de los clubes gigantes de Alemania, habían jugado un sólo partido, en 1928, antes de verse las caras en la Bundesliga, casi cuatro décadas después. Lo mismo con el Borussia Dortmund o el Werder Bremen.

En España, por ejemplo, el clásico Real Madrid y Barcelona se ha jugado desde 1902. La liga española se fundó en 1928 y este choque ya era un clásico.

En Alemania han existido estos tipos de enfrentamientos, con mucha historia, incluso anterior al nacimiento de la Bundesliga. Pero, como las ligas eran de comarcas, los choques históricos se daban entre vecinos.

Con el paso del tiempo, algunos de estos clásicos se fueron perdiendo. Como es lógico, no todos los participantes de las Gauligen, que llegaron a ser 700 clubes, compitieron en la Bundesliga. Por tanto, muchas regiones están representadas por uno o, a lo sumo, dos equipos en la Bundesliga. Así, gran parte de estos clásicos se fueron quedando en el olvido.

Por eso Bayern-Dortmund se conoce como der Klassiker [el clásico], pero también como el 'clásico moderno'. Para un hincha del Dortmund, el rival no es Bayern, sino el Schalke. Para un bávaro, el rival es el que le está peleando

el campeonato ese año. Y ahora vamos a empezar a entender por qué.

MALOS VECINOS

La cuenca del Ruhr, como le he contado, es la zona más postergada, pero también la más densamente poblada en Alemania. En dos ciudades que supieron ser el motor energético del país, a través de las minas de carbón, nacieron dos equipos que representaban a estas clases trabajadoras de las minas.

El 4 de mayo de 1904 surgía el FC Schalke en la ciudad de Gelsenkirchen. Fue fundado bajo el nombre de Turnverein 1877 [Club de torneos], pero no le fue permitido competir en la liga hasta 1912. Nadie del Schalke quiere recordarlo, pero uno de los colores originales del club fue el amarillo. Aunque en una de las tantas refundaciones, adoptarían el nombre actual y el color azul real como emblema.

Se transformó en uno de los clubes más populares de Alemania, logrando ganar 7 veces la liga regional, hasta 1958, y llegando a convocar a más de 70.000 espectadores en algún partido.

A menos de 30 kilómetros de allí, un 19 de diciembre de 1909, un grupo de jóvenes que jugaba en el club Juventud de la Trinidad, patrocinado por la iglesia, decidió separarse de ella para fundar el Borussia Dortmund. Curiosamente, sus colores originales eran el azul y blanco, a rayas, los colores del escudo de Baviera. El negro y amarillo llegarían cuatro años más tarde.

Por cuestiones regionales, le tocaba competir en la Gauliga de Westfalia, en donde ganaba casi siempre el poderoso Schalke 04. El primer choque entre ambos se celebró el 3 de mayo de 1925, con una aplastante victoria de los de azul por 4 a 2.

El Schalke de los años veinte era descripto como una máquina de jugar al fútbol, con el balón jugado a mucha velocidad sin que se levantara del piso. Habían inventado un sistema de juego que se conocía como el Schalker Kreisler [rotonda del Schalke]. Se trataba de un movimiento coordinado de todos los jugadores que no tenían el balón para darle opciones de pase a quien sí lo llevaba. En ese contexto, chocaron tres veces, que resultaron en sendos triunfos del equipo de azul real. Esto no bastaba para generar una rivalidad muy marcada.

Y pasarían nueve años antes de que volvieran a verse las caras en una nueva Gauliga, creada en los años treinta. En esa época, Schalke era aún más poderoso y ganó casi todo lo que tuvo que jugar, incluyendo una Copa Alemana, trofeo recientemente creado.

La rivalidad ya existía porque eran vecinos de lunes a viernes y empezaban a verse las caras en la cancha los fines de semana. Pero el Schalke les ganaría 14 de los siguientes 16 partidos. Para los jóvenes del Borussia Dortmund era una gran frustración.

Pero el 18 de mayo de 1947 se daría un golpe de escena histórico. Los vecinos se encontraban en la final del campeonato de Westfalia y sería un estruendoso 3 a 2 para los amarillos, con un gol de Sandmann en el minuto 84.

En los años siguientes, Dortmund ganaría más partidos y tres campeonatos de la liga de Westfalia. La rivalidad había nacido, forjada en el hecho de que había aparecido un equipo que podía hacerle sombra al Schalke en la liga regional.

En la era de la Bundesliga, la cosa se haría mucho más pareja, con dominios parciales en algunas décadas específicas. En los 60 y los 90, Dortmund se mostró mucho más fuerte. En los 80, en cambio, Schalke era el gran equipo del Ruhr.

Hoy llevan disputados más de 180 choques, con un historial parejo, que favorece levemente al Schalke 04.

Pero, más allá de la cercanía, los choques se transformaron en verdaderas batallas y nos han dejado algunas historias que son dignas de contar.

UN PARTIDO DIFERENTE

Cada enfrentamiento empezó a tener un significado. Aún en temporadas en las que ambos equipos estaban lejos de los primeros lugares, quedaba el derbi como el gran partido que podría convertir el año en algo bueno o terminar de arruinarlo.

Algunas goleadas o triunfos en serie para uno u otro, irían marcando distintas épocas. En los últimos años ha sido el Borussia Dortmund el que ha crecido, llegando a desafiar al FC Bayern y consiguiendo cinco títulos de Bundesliga, contra ninguno del Schalke.

Pero los títulos no importan cuando se ven las caras dos veces al año. Muchos hinchas elegirían ganar el derbi en lugar del título y esto se ha forjado en jornadas como la de aquella fría noche del 19 de diciembre de 1997.

Justo en el día en el que el Borussia Dortmund celebraba su cumpleaños, debía enfrentar al Schalke, en su casa, ante 55.000 espectadores. Para ponerle más pimienta al clásico, Dortmund venía de ganar la Copa de Europa, ante la Juventus, y el Schalke de coronarse en la Copa de la UEFA, frente al Inter. De repente, la cuenca de Ruhr dominaba Europa y esto había sido reconocido por el mismísimo Karl-Heinz Rummenigge.

Finalizando el partido, Dortmund ganaba 2 a 1, y ya desde el minuto 80, Jens Lehman, arquero del Schalke, que había nacido en la región y debutado en primera en el club, empezaba a ir al área a buscar un cabezazo en cada córner del que disponían los mineros.

Y en el minuto 90, un nuevo tiro de esquina peinado en el primer palo, encuentra al arquero bien ubicado en el segundo para marcar el agónico empate con un certero cabezazo. Sería el primer gol de un arquero con pelota en movimiento en la historia de la Bundesliga. Otra curiosidad: poco más tarde, Lehmann ficharía por el Borussia Dortmund...

Diez años más tarde, en noviembre de 2017, el Dortmund se floreaba en casa goleando 4 a 0 al Schalke en el primer tiempo. Pero una segunda mitad de ensueño del equipo dirigido por Domenico Tedesco terminaría con una remontada, sellada con un cabezazo del brasileño Naldo, en el mismo arco en el que había anotado Lehmann, para señalar el 4 a 4 en el minuto 95.

Habría, además, mil anécdotas en estos choques. Desde una victoria del Dortmund para arruinarle un título al Schalke en 2007, sirviendo el campeonato al Stuttgart, hasta una goleada de los mineros en Dortmund, en 2019, que terminaría con el sueño de campeón del equipo local. No hay nada más lindo que arruinarle la fiesta al vecino, dicen en el Ruhr.

Fuera de lo deportivo, también se recuerdan anécdotas increíbles de estos choques. En septiembre de 1969, el partido en Dortmund terminaría en una gran gresca en la que la policía soltaría sus perros al campo de juego. Cuentan que uno de ellos, llamado Rex, mordió a Friedel Rausch y a Gerd Neuser, jugadores del Schalke.

En la revancha, jugada en Gelsenkirchen en enero de 1970, el presidente del Schalke, Günter Siebert, alquiló leones del zoológico local y los llevó al estadio para que acompañaran a sus jugadores en la salida al terreno de juego. Los animales presenciaron todo el partido en el campo, para evitar que algún desprevenido quisiera organizar un desmán. Otros tiempos. ¿No?

AL OESTE DEL RIN

Otro ejemplo de rivalidad responde al mismo origen que hemos mencionado: la vecindad. Así como en la cuenca del Ruhr Schalke y Dortmund se sacan chispas, en el Rin, la lucha se da entre dos equipos históricos: el 1. FC Köln y el Borussia Mönchengladbach.

Al igual que el derbi del Ruhr, la rivalidad comenzó antes del nacimiento de la Bundesliga. Por ubicación, dado que ambos estadios están separados por apenas 45 kilómetros de distancia, tuvieron, como Dortmund y Schalke, la posibilidad de chocar algunos años antes de 1963, cuando comenzaría a jugarse la liga nacional.

Fue, por ejemplo, el primer partido televisado en la historia del fútbol alemán. Este hito ocurrió en 1953, en el viejo estadio del Colonia, en el barrio de Müngersdorf, y sería una aplastante victoria del local, que lideraba la liga, por 6 a 0.

Colonia, también conocido como Effzeh, que es la expresión en dialecto de FC o Fuβball Club, era uno de los poderosos equipos de la región entre los años 50 y 60. Por eso, fue elegida como una de las instituciones fundadoras de la Bundesliga que disputarían aquella famosa primera temporada de 1963/64. No sólo la jugarían, sino que serían los primeros campeones de la nueva liga nacional.

A este grupo de élite, el Borussia Mönchengladbach llegaría dos años más tarde, tras lograr el ascenso. El primer choque en la máxima categoría se disputaría en el antiguo estadio del barrio de Bökelberg, en donde hoy encontramos un conjunto de casas y, una de ellas, pertenece a Marc André Ter Stegen, surgido en el club. El triunfo sería para los visitantes, a pesar de empezar perdiendo, con un gol de Jupp Heynckes.

Diez años más tarde, en el verano de 1973, los vecinos llegarían a la final de la Copa Alemana. Sería la primera y única vez en la historia en la que un partido 'de barrio' se jugara por un título, a cara de perro.

El Gladbach ya era un equipo que le disputaba al Bayern campeonatos en Alemania y había recibido el apodo de los Potros (die Fohlen, en alemán), porque era un equipo de jóvenes que corrían más que los caballos de carrera.

Günter Netzer era el 10 y la figura del Gladbach y ya estaba vendido al Real Madrid. Como el técnico no lo veía 'comprometido', lo dejó en el banco. En el entretiempo, el entrenador, Hennes Weisweiler, lo mandó a calentar. Pero Netzer le dijo: "¡Ahora no quiero!".

El final era inminente y un empate a uno los llevaba a la prórroga. Entonces Netzer miró al DT y le aseguró con firmeza: "Ahora entro". Por alguna razón, Weisweiler se tragó el orgullo, lo mandó al campo y, tres minutos más tarde... Netzer anotaría el gol del triunfo en su segundo toque.

Ese fue el primer gran partido entre ambos vecinos y el puntapié inicial de una rivalidad que se extendería por muchos años. En la temporada de 1977/78, el 1. FC Köln ganaría su segundo título de Bundesliga, luchándolo contra los Potros. ¿Sabe por cuántos puntos de ventaja? Por ninguno...

Colonia era campeón por diferencia de goles, aun cuando el Gladbach le había ganado 12 a 0 al Dortmund en la última fecha, en un partido que despertó más que sospechas y que sigue siendo el resultado más abultado de la historia de la Bundesliga. Pero un 5 a 0 del Köln, en su visita al St. Pauli, le daría tres goles de ventaja para alzarse con el Meisterschale.

Y en el derbi del Rin también hubo un frenético 4 a 4, como en el del Ruhr. Ocurrió varios años antes de aquel empate en Dortmund, allá por octubre de 1979. Colonia ganaba 3 a 0 con comodidad al término de la primera parte. Pero en apenas 14 minutos, en el segundo tiempo, el Gladbach se despacharía con cuatro tantos. El agónico empate de Dieter Müller salvaría las ropas del Effzeh.

El clásico se trasladaría a la Segunda División luego de que ambos equipos anduvieran por el sótano en los años

90. La rivalidad ya era abierta y se darían hechos más típicos del fútbol de nuestras tierras que de lo que Alemania nos tiene acostumbrados, como que los ultras del Colonia le robaran una bandera a sus rivales y la quemaran en pleno partido. Escenas que no se ven a menudo en la Bundesliga, pero que también han formado parte de la historia.

Este hecho provocó que el partido siguiente entre ambos fuera el primero en la historia del fútbol alemán con 'ley seca'. No se podía comprar o llevar alcohol al estadio y la custodia policial fue muy férrea en el control de la situación.

Ya en 2020, cuando el fútbol estaba a punto de suspenderse por el surgimiento de la pandemia del coronavirus, el Rheinderby tuvo el triste honor de ser el último partido jugado antes de la suspensión y el primero en la historia de la Bundesliga en jugarse a puertas cerradas. En una liga que hace culto de sus hinchas, los alemanes llaman a estos partidos *Geisterspiele* [juegos fantasma]. Al día de hoy ya vimos muchos partidos así, pero el primero de todos ocurrió en Gladbach, justo en un clásico.

LAS POTENCIAS DEL NORTE

No es posible mencionar todos los clásicos entre vecinos que existen en Alemania porque hay tantos como ciudades unidas por la historia y la geografía. Pero no podemos terminar este relato sin pasar por el norte y conocer el famoso Nordderby [derbi del norte].

En esa zona geográfica, en donde se encuentra la salida al mar y los puertos más importantes de Alemania, se fundó, allá por el siglo XII, la poderosa Liga Hanseática.

No se trata de una liga de fútbol, sino de la unión de ciudades con salida al mar, que incluía parte de Alemania, pero también los Países Bajos, los escandinavos y Rusia. Su sede estaba en Lübeck, Alemania, y tanto Hamburgo como Bremen formaban parte de ella.

Una unión de poderosas ciudades comerciales les daba privilegios impositivos y ventajas comerciales, haciéndolas cada vez más ricas. Con el paso del tiempo, la liga se fue desintegrando, pero Bremen, Hamburgo y Lübeck siguieron siendo ciudades hanseáticas hasta el advenimiento del Tercer Reich, cuando Hitler les quitó todos los privilegios. Hoy queda sólo el nombre en el recuerdo y en un equipo de fútbol: el Hansa Rostock.

Pero este cuento nos interesa para darnos cuenta de que, a principios del siglo XX, Bremen y Hamburgo eran dos ciudades ricas y poderosas que podían mirar al resto de Alemania por encima del hombro.

En 1887 se fundó el Hamburger Sport Verein [Club Deportivo Hamburgo] en la ciudad de la que tomó su nombre. Por su parte, el Sport Verein Werder Bremen nacería en 1899 a orillas del río Weser. Cuando ambos clubes se encontraron por primera vez en el campo de juego, la rivalidad entre los habitantes de ambas ciudades, por todo el contexto que le contaba, llevaba unos cuantos años.

La primera vez que se verían las caras en un estadio sería en 1927, con un triunfo del Hamburgo por 4 a 1 como visitante. Faltaban 35 años para que naciera la Bundesliga y estos vecinos habían encontrado en el fútbol la forma de dirimir sus tensiones.

Tendrían la posibilidad de enfrentarse muchas veces en la Oberliga del norte, siendo los equipos más poderosos de la región. En 32 choques, Werder Bremen ganaría 13, mientras que sus rivales se quedarían con 12, siendo 7 los empates.

Luego de la Segunda Guerra Mundial, el Hamburgo arrasaría con la liga del norte, ganando absolutamente todos los títulos, excepto el de la temporada de 1953/54.

Lógicamente, ambos clubes serían parte de los fundadores de la Bundesliga, jugando en ella desde el comienzo, en

1963. El Werder Bremen cambiaría la ecuación y pasaría a ser la referencia del norte. El primer encuentro terminaría en goleada para los de verde.

Pocos meses después, en la segunda temporada, el equipo del río Weser sería el campeón de la Bundesliga. Este es un honor que su acérrimo rival, el Hamburgo, no pudo darse hasta finales de los años 70. La rivalidad seguía creciendo...

Pero los hinchas del Hamburgo tendrían una breve revancha cuando, en un choque en 1971, vieran al eterno rival jugar con la camiseta del club de sus amores. Es que la vestimenta alternativa del Bremen se parecía mucho a la del equipo local y no habían llevado otra variante. Por tanto, el árbitro los obligó a jugar el segundo tiempo con los colores de la camiseta suplente del Hamburgo. Una verdadera afrenta.

Entre finales de los 70 y principios de los 80, el Hamburgo no sólo era el mejor club de Alemania, sino de toda Europa. Sería la época en la que ganarían sus tres títulos de Bundesliga, en 1979, 1982 y 1983. Internacionalmente serían subcampeones de Europa en 1980 y campeones en 1983.

Como un buen contraste, el Werder Bremen vivía en aquellos tiempos sus horas más obscuras. Tras una serie de malas decisiones económicas y de fichajes que no resultaron exitosos, terminarían en el decimoséptimo puesto en 1980, cayendo por primera a la Segunda División.

Volverían rápidamente para ser goleados por un equipo de Hamburgo en el que jugaban Felix Magath y Horst Hrubesch, quien anotaría un triplete. Los duelos eran cada vez más calientes, hasta que un hincha del Bremen falleció en una emboscada realizada por los ultras de la parcialidad rival.

En enero de 1983, los clubes de fans de ambos equipos se reunieron en Lüneburg (ciudad neutral) para sellar una paz, que ha traído como resultado el fin de la violencia entre ambas hinchadas hasta estos días.

Deportivamente, ese año sería el Werder Bremen el que le amargaría al poderoso Hamburgo un histórico invicto de

36 partidos en la Bundesliga, que tuvo que esperar hasta la llegada de Guardiola al Bayern para ser batido.

Hamburgo sería el campeón de 1983 con 52 puntos. Por su parte, el Werder Bremen sumaría... ¡52 puntos! Pero el título sería para los de azul porque tenían mejor diferencia de gol. Ni Agatha Christie hubiera escrito un guion de tanto suspenso...

Entre finales de los 80 y principios del siglo actual, sería el Werder Bremen la referencia del norte, ganando tres títulos y disputándole muchos otros al Bayern München. Incluso, en 1993 doblegarían a los bávaros tras golear al Hamburgo por 5 a 0 en la penúltima fecha. Un año que nunca se olvidará en el Weser.

Y como si cada vez que el Werder ganara un título tuviera que golear a su vecino, en 2004, año en el que le ganó al Bayern el que sería su último trofeo de Bundesliga, le propinarían al Hamburgo la goleada más abultada de la historia del clásico: un 6 a 0.

Dos años más tarde, otra humillación golpeaba las puertas del Volksparkstadion. Derbi en la última fecha, con el Hamburgo escoltando al Bayern con 68 puntos, uno por encima del Werder Bremen. Los bávaros eran campeones, pero el segundo en la tabla entraría a la Champions. Al Hamburgo le bastaba un empate en casa, pero su rival lo venció 2 a 1 y se metió en Europa.

No había consuelo para los hamburgueses que, tres años más tarde, perderían frente a su vecino la final de la Copa Alemana, y por penales. Tim Wiese, el portentoso arquero que casi le arranca la cabeza a Ivica Olic en otro clásico (patada de kung-fu en el hombro y apenas tarjeta amarilla), detendría tres penales y se convertiría en héroe. Años más tarde, Wiese dejaba el fútbol y se dedicaba a los combates de lucha libre, habiendo mostrado sus aptitudes para destrozar rivales (casi parte a Thomas Müller en dos) en la Bundesliga.

En ese 2009 se encontrarían en la semifinal de la Copa de la UEFA, con un triunfo por lado, pero la clasificación para el

Werder Bremen por diferencia de goles. Los días de gloria del Hamburgo habían quedado bastante atrás.

Los últimos años los verían luchando por no descender, con verdaderas batallas por quedar en el puesto 16 y aspirar a un repechaje en el que ambos fueron cayendo sistemáticamente.

Hamburgo tenía, hasta entonces, otra carta para darse corte ante el Bremen: nunca habían descendido. De hecho, era el único equipo que había jugado todas las temporadas de Bundesliga, porque el Bayern no participó en la primera.

Un reloj en el Volksparkstadion contaba los años, meses, días, minutos y segundos que habían transcurrido desde el inicio de la Bundesliga y la participación del equipo del norte en ella. Pero en 2018 habría que apagarlo, ya que luego de salvarse varias veces consecutivas, caerían a la Segunda División.

Así se forjó una rivalidad que nació en el poder de dos ciudades comerciales, que fue llevada a la Bundesliga, que se paseó por Europa y que terminó sufriendo en la lucha por no descender.

Y así termina este breve repaso por los que considero que son los choques más calientes del fútbol alemán. Clásicos, como le decía, realmente no existen. Por todo lo mencionado, son los derbis locales y regionales los que realmente representan la rivalidad de la Bundesliga. Después existirán clásicos itinerantes entre el FC Bayern y quien pudiera hacerle frente. Fue el Hamburgo, el Bremen, el Gladbach, el Dortmund y, tome nota de esto, el próximo será el RB Leipzig.

Ahora, habiendo conocido lo más profundo de la Bundesliga, le propongo pasar a la siguiente estación. En este capítulo mencioné a Pep Guardiola brevemente y creo que su corto paso por Alemania bien merece un capítulo de esta reseña. También el de Jürgen Klopp y todo su legado. Acompáñeme entonces a descubrir a los innovadores del fútbol alemán moderno.

Buschmann, uno de los hinchas más famosos de Alemania. Viaja más de 500 kilómetros para ver al Bayern en cada partido de local.

Dirk Maverick, el cantante de música country que entona el himno del Bayer Leverkusen antes de cada partido de local.

Christian Seifert fue CEO de la DFL, y fue quien condujo la revolución económica en el fútbol alemán. Foto: DFL-Denkewitz

El 1. FC Köln es uno de los clubes que tiene una mascota viviente. Todo comenzó con una broma de un circo, en 1950.

Entramos a la tribuna de Hannover 96 junto a Ossy y Anca, para entonar "96, alte Liebe", antes de un partido.

Nobby Dickel hizo dos goles en la final de la Pokal en 1989 y, desde entonces, es la voz del estadio del Borussia Dortmund.

Uno de los momentos más impactantes de nuestra cobertura de la Bundesliga fue la primera entrevista con Robert Lewandowski.

Lothar Matthäus se transformó de mi ídolo a mi amigo. Un tipo simpático, que tiene la costumbre de aparecer en cámara siempre que nos ve.

La DFL me permitió mirar una jornada de la 2. Bundesliga en las oficinas del VAR. Fue una experiencia de lo más enriquecedora.

Los hinchas de la mayoría de los equipos se llevan bien fuera del estadio, y suelen compartir la previa de los partidos.

La famosa "Gelbe Wand" o "Pared amarilla", y los voluntarios blandiendo las banderas, en la previa de un partido de Bundesliga.

Las hinchadas de la Bundesliga, provistas de bombos y equipos de sonido. Ellos mismos financian las coreografías.

Los niños formados por el Schalke en la "Knappenschmiede", soñando con convertirse en profesionales algún día.

"Erwin" es una de las mascotas más divertidas de la Bundesliga. En una oportunidad, le sacó una tarjeta roja al árbitro.

CAPÍTULO 7

DIE GRÖßTEN INNOVATOREN [LOS MÁS GRANDES INNOVADORES]

"No voy a ser entrenador. Guardiola me marcó tanto que sería igual de obsesivo que él, y el fútbol ya me quitó mucho tiempo con mi familia".

Claudio Pizarro, leyenda de la Bundesliga.

El fútbol alemán se ha destacado siempre por sus leyendas. Si bien la lógica germana de construcción de éxitos se basa en el trabajo de equipo y, especialmente en el fútbol, ha habido nombres que sobresalieron a lo largo de la historia por diferentes razones.

En este viaje hemos conocido, y lo seguiremos haciendo más adelante, la historia de algunos de ellos. Pero en esta estación vamos a hablar de aquellos nombres rutilantes que influyeron en el fútbol alemán, sentados del lado de afuera de la línea de cal: los entrenadores.

Ciertamente que no me alcanzaría ni siquiera un libro completo para recordar la obra de todos los grandes entrenadores que tuvo este país tanto a nivel de clubes como de selecciones, por lo que tuve que hacer una antojadiza selección, que seguramente será una gran injusticia con los que quedaron afuera. Por esto, pido disculpas por adelantado.

Hemos titulado este capítulo como el de los grandes innovadores y por eso he escogido cuatro nombres que, por distintas razones, han representado un cambio drástico, ya sea en la Bundesliga o en algunos clubes en particular.

Sin más preámbulos, vamos a meternos de lleno en estas cuatro historias y las razones por las cuáles he decidido mencionarlos.

UN GANADOR EN TODOS LADOS

Ottmar Hitzfeld muestra, en su carrera como entrenador, aspectos que pocos entrenadores han logrado en toda la historia. Es el único, de hecho, que ha ganado la Champions League con dos equipos alemanes, habiendo marcado una época en ambos.Der General [el General], como lo bautizaron en Alemania, tuvo una carrera mucho más prolífica como entrenador que como futbolista, siendo que fue un centrodelantero que jugó gran parte de su carrera en Suiza y tuvo un paso por el VfB Stuttgart, en la Bundesliga.

Ya desde sus tiempos como jugador, Ottmar mostraba un gran interés por la táctica y un gran entendimiento por el funcionamiento del juego. Esta es una cualidad que pocos futbolistas tienen y que marca el camino de aquellos que terminarán trascendiendo en su carrera después de colgar las botas.

En 1984, el exjugador nacido en Lorrach, que también era profesor de matemáticas, comenzaba su etapa de entrenador en el F.C. Zug en Suiza. Años más tarde, lo ganaría todo con el Grasshoper, llamando la atención del fútbol alemán. El Borussia Dortmund, un club que hasta ese momento sólo mostraba en su palmarés un par de Copas de Alemania y títulos en la era pre-Bundesliga, contrató a Ottmar en el verano de 1991.

El comienzo fue duro, porque no obtendría título alguno en las primeras dos temporadas. Pero en la de 1994/1995 formaría un equipo con una mística tan grande que le daría al BVB su primer título de Bundesliga.

Con Matthias Sammer como estandarte en la defensa, la magia de Paulo Sousa para manejar los hilos del equipo y los goles de Stéphane Chapuisat el Dortmund ganaría el título en la última fecha, con una ayudita del Bayern, quien derrotó en esa jornada al Werder Bremen, equipo que llegaba como líder de la tabla.

De la mano de Hitzfeld, el club llegaba a jugar en la Champions League por primera vez y alcanzaría los cuartos de final, cayendo ante el Ajax. Pero en esa temporada lograrían ganar nuevamente la Bundesliga, con mayor autoridad, doblegando al Bayern München.

La base de este equipo lograría incluso tocar el cielo de Europa ganando por primera y única vez la Champions League en 1997. Una fantástica producción en la que derrotarían al Manchester United en semifinales y a la poderosa Juventus, el campeón vigente. Para completar la historia de ensueño, la final se jugó en Alemania, en el Olímpico de Múnich.

Antes de irse, le daría al BVB el último gran título internacional, derrotando al Cruzeiro de Bebeto en la Copa Intercontinental a finales de ese 1997 mágico.

Sus resultados llamarían la atención del mundo, pero, en particular, del FC Bayern, quien se haría de sus servicios en 1998. Los bávaros no pasaban por su mejor momento, en

una década del noventa signada por cambios de entrenadores y pocos resultados. Hitzfeld, llevaría su magia a Múnich y los resultados se verían rápidamente.

Al igual que en Dortmund, armó la base de su equipo en torno a jugadores clave, como Lothar Matthäus, Oliver Kahn o Stefan Effenberg. En su primera temporada estarían a punto de ganar la Champions, pero aquella fatídica noche de Barcelona les sería esquiva. El Manchester United le daría vuelta a un partido que el Bayern estuvo ganando casi hasta el minuto 90.

Un año más tarde serían derrotados en semifinales por el Real Madrid, que terminaría ganando la competición. Pero a la siguiente darían el golpe, esta vez derrotando al Madrid en semifinales y luego al Valencia en la final de Milán, en definición por penales.

En seis años en el Bayern lograría cuatro veces el título de Bundesliga, para marcharse del club en 2003. Tendría un regreso breve, dos años más tarde, para ganar el doblete en 2008, poniendo punto final a su carrera como entrenador en Alemania, antes de retornar a Suiza.

HITZFELD SEGÚN OTTMAR & CO

En diversas entrevistas, el exmatemático ha revelado algunos detalles de su carrera que lo fueron llevando a un éxito que no tiene casi parangones. "El fútbol es fácil, si sigues las reglas. Una de estas reglas dice que el entrenador debe ser un modelo a seguir por los jugadores. Si uno pierde el control, el equipo también lo hace", le contó Hitzfeld al periódico *Der Spiegel*.

Su forma de ser lo convertía en un entrenador obsesivo que simplemente no podía desconectarse. "Pasaba largas horas sin dormir. Ni en las pausas de selección podía desentenderme de mi equipo. En 1997 me fui del Dortmund por esta razón. En 2004, fue casi una bendición que el Bayern rescindiera mi contrato", confiesa el estratega.

De hecho, el propio General contó que Lorenzo Sanz lo quiso llevar al Real Madrid antes que a Jupp Heynckes. Se reunieron en Düsseldorf, pero el entrenador rechazó la oferta por esta razón. Unos meses más tarde asumiría en el FC Bayern.

Y como ocurre con todos los grandes entrenadores, Hitzfeld tiene el respeto de todos aquellos que trabajaron con él. Matthias Sammer, en una charla con el *Abend Zeitung*, tuvo palabras muy cálidas hacia el entrenador que lo ayudó a ganar el Balón de Oro. "Era un líder fuerte, pero no dominante. Nos daba espacio dentro del campo para que apeláramos a la creatividad. Hitzfeld hacía mejores a los jugadores", admitió.

"Estaba en una época de muchas competiciones con el Bayern y con la selección nacional. Tenía que mantener mi nivel al máximo cada tres días. Los buenos entrenadores reconocen estas situaciones y yo tenía a uno. Hitzfeld vino y me dijo que me tomara unos días y me fuera a jugar al golf. ¿Debía hacer eso? Bueno, lo hice, porque confiaba en él". Estas palabras corresponden, nada más ni nada menos, que a Oliver Khan y nos retratan la mentalidad del personaje.

Otro de sus capitanes, y un ícono del BVB, es Michael Zorc, quien fue parte importante de aquel plantel que lo ganó todo. "Todavía admiro el coraje de Hitzfeld para poner a los jóvenes. Lars Ricken aún iba a la escuela. Ottmar nos planteaba cada situación como algo positivo para nosotros. Nunca quiso que alguna eventualidad fuera una excusa", cuenta quien aún es el jugador con más presencias en la historia del club.

Sólo algunos conceptos de los jugadores más importantes que tuvo a su cargo y de él mismo. Sin dudas, Hitzfeld se ganó un lugar en la historia grande del fútbol alemán, consiguiendo títulos como nadie.

EL PRIMERO EN GANARLO TODO

Joseff *Jupp* Heynckes fue uno de los niños a los que, como a Franz Beckenbauer, le tocó nacer en la Alemania de 1945, devastada por la guerra. Creció en una familia junto a nueve hermanos y vivió una infancia muy compleja.

"No se trataba de vivir, sino de sobrevivir con lo que había. Pero me transformé en un exitoso jugador y luego en entrenador, con la dedicación, compromiso y pasión que aprendí en aquellos durísimos momentos de mi vida", le contaba el propio Jupp a FC Bayern TV.

Heynckes vivió sus mejores momentos como jugador en el Borussia Mönchengladbach, club en el que marcó casi 300 goles y que también fue su punto de partida en la carrera como entrenador. Era muy joven cuando sus meniscos lo obligaron a dejar de jugar y le tocó ser asistente de otra leyenda: Udo Lattek.

Jupp sería luego su sucesor, con apenas 34 años de edad, en 1979. El comienzo no fue fácil porque el club tenía que vender constantemente a sus figuras, obligando al joven entrenador a reconstruir permanentemente el equipo. Logró meterlo en el tercer puesto, en la temporada 1983/84, y llevarlo hasta la final de la Copa Alemana en ese mismo curso, cayendo por penales ante el Bayern.

A pesar de no haber ganado títulos como entrenador en Gladbach, Uli Hoeneß lo contrató para hacerse cargo del Bayern, en 1987. Curiosamente, otra vez le tocaría ser el sucesor de Udo Lattek.

"Mi primera etapa en el Bayern no fue fácil, a pesar de haber ganado dos veces la Bundesliga, de ser dos veces subcampeones, de haber ganado dos supercopas y de llegar tres veces a las semifinales de la Copa de Europa", admite Jupp. En el último de sus cuatro años en el club, no clasificarían para ninguna competición europea y la relación entre ambos terminaría abruptamente en 1991.

"En Gladbach armé un equipo. El Bayern, en cambio, tenía otras pretensiones. En esa época simplemente no tenía la madurez y experiencia que adquirí luego", cuenta el entrenador que seguiría su carrera en Portugal y España.

En Athletic Bilbao daría su primer paso fuera de Alemania, ganándose el cariño de los vascos y marcando la carrera de un jugador que luego se sentaría en un banquillo caliente: Ernesto Valverde.

Su posterior paso por el Real Madrid lo llevaría a ganar la Champions League por primera vez en su carrera y a ser despedido casi inmediatamente después. Un Heynckes que ya hablaba perfectamente en español pasaría luego por el Benfica de Portugal, antes de regresar a Bilbao.

En la vuelta a Alemania, no tuvo éxito en el Schalke, en donde Rudi Assauer lo despediría argumentando que era un entrenador que no se adaptaba a los tiempos modernos. Jupp vivió momentos muy duros en aquellos años, cuando su mujer fue diagnosticada con cáncer.

Tras un año y medio fuera de las canchas, tendría otra breve etapa en Gladbach e incluso un aún más corto paso por el Bayern, dirigiendo cinco partidos tras la partida de Klinsmann, para meter al equipo en la próxima Champions League.

En 2009 firmaría por el Bayer Leverkusen, en donde llegaría a una serie de 24 partidos invicto, que terminaría con el equipo en el cuarto puesto. En la temporada siguiente, la campaña sería aún mejor, siendo escolta del sorprendente Dortmund de Klopp. Pero Jupp no quiso renovar su contrato porque ya había recibido un llamado del FC Bayern.

Heynckes llegaba a un Bayern en problemas, que estaba saliendo de la era Van Gaal y tenía en el Borussia Dortmund a una especie de bestia negra que lo estaba derrotando.

En su primera temporada en esta tercera etapa en Múnich quedaría a las puertas de todo. La Bundesliga la perdería frente al Dortmund de Klopp, que lograba repetir el éxito de la temporada anterior. En la final de la Copa Alemana el mismo BVB le daría un cachetazo con un estruendoso 5 a 2.

Pero el gran objetivo era la Champions League, cuya final se jugaba en Múnich. El equipo de Heynckes llegaría hasta Múnich con un paso arrollador, eliminando al Real Madrid en una tanda de penales para el infarto. Pero por esa misma vía caerían ante el equipo liderado por Didier Drogba, con mucho suspenso. El partido se había abierto en el minuto 82 con un gol de Thomas Müller y fue el propio marfileño el que lo empataría minutos antes del silbatazo final.

"Podría asegurar que si no hubiéramos perdido esa final, no habríamos logrado el triplete al año siguiente", contó Jupp. Y es que ese 2012 de puras frustraciones fue el germen del 2013, uno de los mejores años en la historia del club.

Con Pep Guardiola anunciado desde el invierno como futuro entrenador, el Bayern lograba un impresionante récord de 91 puntos con 98 goles convertidos en 34 fechas.

El 9 de mayo de 2013, el equipo celebraba el cumpleaños de su entrenador y este le enviaba un mensaje al grupo: "Todavía no hemos ganado nada. Nos quedan dos finales y tenemos que ganar esa maldita cosa (la Champions)".

El Bayern iba a paso firme hacia la final de Wembley, habiendo derrotado a la Juventus, por un global de 4 a 0, y al Barcelona, por un impresionante resultado total de 7 a 0. Por el otro lado del cuadro llegaba el Borussia Dortmund de Robert Lewandowski, que venía de golear al Real Madrid.

La final fue un ajustado 2 a 1 con un agónico gol de Arjen Robben, quien se ganaría allí el mote de Mr. Wembley. Heynckes se quitaba la espina de la Champions y volvía a levantar el trofeo que había ganado con el Real Madrid.

Pero aún quedaba un título por ganar y era la Copa Alemana. El Bayern llegaba a la final frente al VfB Stuttgart dirigido por Bruno Labbadia. Después de ir ganando 3 a 0, el partido terminó en drama tras dos tantos de los suabos. El equipo de Heynckes lograría resistir y el entrenador se convertiría en el primero en la historia del fútbol alemán en ganar los tres títulos en una temporada.

Guardiola lo sucedería, ganando el Mundial de Clubes. Pero, paradójicamente, el equipo de Pep perdería en la Supercopa frente al Dortmund y así el Bayern no lograría el mentado sextete de títulos, que sólo había conseguido en Europa el Barcelona del propio Guardiola. Años más tarde, Hansi Flick se tomaría revancha de aquel episodio.

UN HOMBRE RESPETADO

Me tocó hablar muchas veces con Heynckes, incluso en español, en su última etapa en el Bayern, cuando lo llamaron de urgencia tras el despido de Carlo Ancelotti.

Siempre fue un hombre muy amable y carismático con los jugadores y pude notar, en primera persona, lo bien que todos se sentían con él. Eso también se puede comprobar en las palabras de los que compartieron con él sus mejores momentos.

"No pude encontrar una mejor persona para representar los valores del FC Bayern", dijo Uli Hoeneβ. Thomas Müller disfrutaba trabajar junto a él y contaba siempre cómo el entrenador tenía la capacidad de transmitirles una gran energía positiva a los jóvenes.

David Alaba, por ejemplo, lo consideraba como un padre y manifestó muchas veces que el gran salto en su carrera deportiva lo dio junto a Heynckes.

Sin haber jugado nunca en el club, sin ser bávaro, Jupp dejó un legado en el Bayern que nunca se olvidará. Un entrenador con una carrera que muestra tantos éxitos como fracasos, pero que fue el primero en la historia del fútbol

alemán en cerrar una temporada perfecta, con un equipo que se transformó en leyenda.

EL ROCK STAR DEL FÚTBOL ALEMÁN

Pocos imaginaban que un rústico defensor del Mainz, que luego se transformó en un fogoso entrenador de aquel equipo, marcaría en Dortmund una huella tan importante. Tenemos que remontarnos al verano de 2008, cuando el joven Jürgen Klopp, con 41 años recién cumplidos, se hacía cargo del primer equipo del BVB.

Y en su primera temporada lograría traer la alegría de vuelta a una ciudad que venía acostumbrándose a tiempos sombríos. Era un Dortmund que estaba de salvarse de la bancarrota y que no podía invertir en grandes estrellas. El estilo de Klopp, para potenciar jóvenes, era el indicado.

Una perlita de su primera temporada, además de que el Dortmund no hubiera sido derrotado en casa, fue un empate 3 a 3 en su primer derbi frente al Schalke, después de que los mineros estuvieran arriba en el marcador por 3 a 0. Por muy poco no lograrían clasificar a copas europeas, pero algo estaba gestándose.

La temporada siguiente los vería regresar al escenario continental y sería el preludio de algo que haría famoso al club desde entonces. La magia del equipo de Klopp provocó que el estadio empezara a tener un aforo promedio de 80.000 espectadores, algo que lo ha transformado en el equipo más convocante de todo Europa.

Los casi 25.000 espectadores que entraban en la pared amarilla en cada partido y el fútbol que mostraba un equipo que tenía ya a Lucas Barrios como su goleador eran una marca registrada. "La salida del túnel ya te intimida. Es apenas unos centímetros más alto que yo y absolutamente obscuro. Al final, ves una luz, pero cuando llegas ahí explota el sonido de 80.000 espectadores. ¡Es una completa locura!", confesaba el propio Jürgen.

Su segundo año de contrato terminaría con el Dortmund en un quinto puesto y con el mencionado regreso a Europa. Lo mejor estaba por venir, pero la Bundesliga ya estaba vacunada por el efecto *rock and roll* de los *Klopp boys* y su electrizante estilo de fútbol directo y ofensivo.

"Nunca quisimos ponernos un techo pensando en un objetivo determinado. Simplemente empujábamos cada partido, sin saber dónde nos llevaría", le contaba Klopp a la DFL. En la temporada siguiente llegarían dos hombres muy importantes para todo lo que estaba por ocurrir: Shinji Kagawa y Robert Lewandowski.

"Somos muchos jóvenes y tenemos el hambre de ganar cada partido", manifestaba Lucas Barrios. Serían campeones de otoño, pero no estaban dispuestos a mirar quién estaba por detrás. Le ganarían al Bayer Leverkusen en casa (a la postre el escolta) y al Bayern de Van Gaal en Múnich. Campeones al final de la temporada y una celebración, que nunca se olvidará en la ciudad, con más de 500.000 personas desfilando en la Borsigplatz.

Y la temporada siguiente les tenía preparado un doblete, ganándole la Bundesliga y la final de la Copa Alemana al Bayern. Esta última, con una goleada en Berlín.

Un equipo comandado por el talento de Götze y en el que Robert Lewandowski ya era un goleador temido se paseó por Alemania ganándolo todo y en todos los estadios. El título se decidiría con un triunfo en Dortmund ante el Bayern con un gol de taco del polaco y con una imagen que recorrería el mundo: Arjen Robben fallaba un penal y Neven Subotic abría la boca más grande que su propia cara para gritárselo, justo en el oído.

La espuma no bajaría, pero en la temporada siguiente se toparían con el increíble Bayern de Heynckes. Un equipo en el que Götze seguía aportando el talento, ya tenía en sus filas a un tal Marco Reus, que nació en la ciudad, pero había explotado en el Gladbach.

Lo más destacado fue haber llegado a la final de la Champions, impresionando a todo Europa. Fueron primeros en un grupo en el que también jugaban el Real Madrid, el Ajax y el Manchester City. Y lo harían en forma invicta, ganando cuatro partidos y sólo empatando en Madrid y Mánchester.

Al equipo de la capital española volverían a cruzarlo en semifinales y Robert Lewandowski daría su gran golpe en Dortmund al marcarle cuatro goles en el partido de local. La final fue ante un Bayern muy poderoso que, como vimos, lo derrotaría con un gol en el final de Arjen Robben en el mítico estadio de Wembley.

Klopp se acercaba a sus últimas temporadas en Dortmund intentando cambiar el estilo. El estratega buscó jugar un fútbol de mayor posesión y menos vértigo. La temporada no fue mala, porque cosechó 71 puntos en la Bundesliga y a punto estuvo de llevar al Real Madrid a tiempo extra en los cuartos de final de la Champions.

Götze ya había pasado al Bayern, equipo que pagó su cláusula, pero Pierre Emerick Aubameyang le aportaba ahora una velocidad diferente a un ataque que compartía con Reus y Lewandowski.

En esa temporada, Klopp dejaría una frase para reflexionar: "Los delanteros te ganan partidos. La defensa te hace ganar títulos. Si te marcan muchos goles, te comen la confianza". Pero en el verano de ese 2014, el Westfalenstadion tenía que despedir a su goleador porque Robert Lewandowski se marchaba al Bayern. El final de la era Klopp había comenzado.

Y su último año en Dortmund, el séptimo, empezaría de la peor manera. La primera mitad de la temporada sería la peor del club en los últimos 30 años. Una primera parte en la que les marcarían el gol más rápido de la historia en la primera fecha, en la que perderían el derbi con Schalke... En la fecha 17, Dortmund estaba último, a 30 puntos del Bayern.

En el campamento de invierno, Klopp enviaba un mensaje desesperado: "Tenemos que fijar objetivos realistas. Hay que evitar el descenso, y lo vamos a hacer". Una situación inesperada para el equipo que había jugado la final de la Champions un año y medio atrás.

La segunda mitad sería otra historia porque lograrían obtener otros 36 puntos, incluso más de los que ganó el Bayern de Guardiola. La conexión Reus-Aubameyang daba sus frutos y el BVB llegaba a arañar un puesto en Europa League. Pero Klopp había anunciado su partida hacía unos meses y Dortmund empezaba a llorarlo.

"Este club tiene un enorme potencial de desarrollo. Pero, para eso, hay veces en las que hay partes que necesitan dejar lugar a otras. Y, en este caso, esa parte soy yo", decía Jürgen, en una conferencia de prensa que sorprendió al fútbol alemán.

La hinchada lo despediría entre lágrimas en la última jornada ante el Werder Bremen y lo acompañaría masivamente a Berlín, a disputar una nueva final de la Copa Alemana. Pero su último partido sería una derrota ante el sorprendente Wolfsburg, que impediría un adiós a pura felicidad.

Klopp dejó en Dortmund dos títulos de Bundesliga, una Copa Alemana y una final de Champions League. Pero, mucho más que eso, le devolvió la pasión a un club que estaba en problemas, volvió a llenar un estadio gigantesco y recreó aquella mística de equipo que le había inculcado al club Ottmar Hitzfeld.

KLOPPO, SEGÚN EL BVB

Una personalidad tan potente no pasa desapercibida en un mundo como el del fútbol. Y la huella que ha dejado Klopp ha quedado reflejada también en las palabras de algunos de los que compartieron con él esa historia.

Watzke, el CEO del club, y Zorc, el director deportivo, conformaron junto a Jürgen el triángulo que guió al BVB en esta historia. Para Zorc, nacido en Dortmund y siendo aún el jugador que más partidos disputó con esta camiseta, lo definió como el Muhammad Alí del fútbol.

El propio Watzke publicó un libro sobre el Borussia Dortmund y contó en él que tal vez fue un error haberlo dejado partir. "Quizás hubiera sido mejor haber reemplazado al equipo completo y no a él", confesó el CEO del club. Y agregó: "Nunca volveríamos a tener un entrenador como él, pero buenos talentos sí".

Para jugadores como Lucas Barrios, trabajar con Klopp fue una marca en su carrera. "Es un *crack*. Lo primero que hizo fue mandarme a aprender alemán. Me dijo que si no aprendía el idioma no iba a jugar con él, porque no le podía entender sus indicaciones. Hoy lo hablo en un 70 por ciento", admitió el delantero en el sitio *delealbo.com*.

"Había veces en las que nos la pasábamos gritándonos a la cara. Pero al día siguiente ya estaba todo bien", recordó Mats Hummels al Daily Mail. El defensor fue uno de los puntales de la defensa de aquel equipo.

Frases que definen la personalidad de un tipo que no sólo le dio títulos y alegrías a un club sufrido, sino que, además, lo puso en sintonía con su estilo de vida, a puro *rock and roll*.

GANARLO TODO, DOMINANDO A TODOS

El Bayern suele tener una conducta arriesgada e innovadora, buscando mantener la diferencia que le lleva a muchos equipos de la Bundesliga. Hablando con varios presidentes y directivos de clubes, siempre me han dicho que una condición para ser entrenador en la Bundesliga es dominar el alemán.

Pero en Múnich dirigieron entrenadores como Trappatoni, que lo aprendió bastante bien y nos dejó esa famosa frase final: "Ich habe fertig" (la forma correcta de decirlo es "Ich bin fertig" [He terminado]). Así, cuando allá por el año 2012 supieron que Heynckes no renovaría su contrato, pensaron en un técnico innovador: Pep Guardiola.

En su retiro en Nueva York, luego de haber dirigido exitosamente al Barcelona, el nacido en Sampedor aceptó con gusto e hizo lo posible por aprender tanto alemán como el corto tiempo le permitía. Rummenigge contaría luego que un día lo llamó para cancelar el contrato que tenían, antes de asumir, porque no podía con el alemán. Pero Kalle lo convenció de no claudicar.

Como veremos más adelante, Heynckes se esforzaría por dejarle un equipo ganador y lograría el famoso triplete, justo antes de la llegada de Guardiola. Y Pep continuaría la línea de Jupp, marcando los años de mayor dominio del Bayern en la Bundesliga.

Un equipo al que había llegado Mario Götze y, por expreso pedido del entrenador, Thiago Alcántara, se paseó por todos los campos aplastando a sus rivales. El título número 23 del Bayern se ganaría una noche en Berlín, en la fecha 27, logrando el récord de ser el campeón más precoz de la historia de la Bundesliga.

Comenzaba en Alemania el debate sobre el tiquitaca, el fútbol de posesión continua, diferente al juego directo y ver-

tical al que estaban acostumbrados. "Hay muchas formas de jugar. Yo quiero hacerlo con la pelota. Cuando la tenemos, no hay forma de que el rival nos haga un gol", le decía Guardiola a la prensa.

Se llegó a un punto de dominio en el que el contrario no tenía manera de conseguir la pelota. "Buscan desmoralizar al rival, y lo logran", confesaba Christian Streich, entrenador del Freiburg, luego de una dura derrota.

Guardiola admitía abiertamente que sus jugadores preferidos eran los mediocampistas (él había sido uno), por la forma en que entienden el juego. "Si pudiera, formaría mi equipo con 11 mediocampistas", reconocía.

La mancha de aquel tremendo Bayern sería una dura derrota en Champions ante el Real Madrid. El 0-4 de Múnich sería calificado por Guardiola, tiempo más tarde, como el peor error de su carrera. Pero, como había dicho Rummenigge el día de su presentación como entrenador: "El título principal para nosotros es la Bundesliga. La Champions es linda, pero no siempre premia al que mejor hace las cosas".

Al final de aquella temporada, Alemania ganaría la Copa del Mundo en Brasil y mucha gente reconocería cierta influencia del estilo de Guardiola en la forma de juego del equipo de Löw, hasta en el hecho de jugar con Lahm como mediocampista interior.

El fútbol alemán, y en especial el Bayern, vivía una revolución. Los jugadores le contaban a la prensa lo mucho que disfrutaban aprendiendo en los entrenamientos.

En la siguiente temporada se irían algunos jugadores, como Toni Kroos, pero llegarían otros de la talla de Xabi Alonso o Robert Lewandowski. El resultado sería casi idéntico. Una liga que ese año se definió en la fecha 30, luego de doblegar a un Wolfsburg que incluso lo había goleado 4 a 1, pero que nunca lo persiguió de cerca.

Aquella temporada estuvo marcada por las lesiones, siendo que, sumando los días de baja de todo el plantel, llegamos a la friolera de 202 partidos perdidos y una media de 6,3 jugadores no disponibles en cada encuentro.

En los momentos definitivos de aquella temporada, jugadores de la importancia de Philipp Lahm, Arjen Robben o Franck Ribery no estuvieron disponibles para Pep.

Sin las dos espadas que abrían las defensas por las bandas, volvió a caer en las semifinales de la Champions ante un gran Barcelona, que con Messi y Neymar le propinaría un cachetazo muy recordado.

Guardiola dirigiría en el Bayern durante tres temporadas, y la última, la 2015/2016, sería tal vez la que más llevaría su sello. Un equipo que llegaba a alistar hasta a tres jugadores españoles en sus filas (Thiago Alcántara, Xabi Alonso y Javi Martínez), desarrolló un dibujo táctico que fue una revolución para el fútbol alemán.

En los papeles se veía como un 4-1-4-1, pero el mundo del fútbol comenzó a hablar de la WW de Guardiola. Es que cuando la pelota se ponía en movimiento, el esquema era más parecido a un 2-3-2-3 y uniendo los puntos se obtenían las mencionadas letras.

En ese esquema, durante muchos partidos sería Joshua Kimmich uno de los centrales, mientras que Lahm y Alaba se sumaban a la línea de medios, junto a Xabi Alonso. Thiago y Götze creaban fútbol y por las bandas ya comenzaban a jugar Douglas Costa y Kingsley Coman, cuando la dupla "Robbery" no estaba disponible. Lewandowski era el goleador, pero Müller marcaría la mayor cantidad de tantos de su carrera en una misma temporada, jugando detrás del polaco.

Paradójicamente, sería el año más difícil para ganar el título en Alemania, porque se encontrarían con un Borussia Dortmund que, al mando de Tuchel, cosecharía 78 puntos. Con ese puntaje, el BVB habría sido campeón en 3 de las otras 4 ligas *top*, pero tenía al Bayern de Guardiola enfrente.

"Jugaron una temporada extraordinaria. Sólo puedo felicitarlos", reconocería un Thomas Tuchel que lo había dejado todo, sin conseguirlo. Pero ese gran equipo había caído, otra vez, en las semifinales de la Champions. En esta oportunidad, ante el Atlético de Madrid de Diego Simeone.

Luego de perder 1 a 0 en Madrid, triunfarían 2 a 1 en Múnich, aunque no sería suficiente por la ley del gol de visitante. Las estadísticas de ese partido muestran que el Bayern tuvo la pelota el 73% del tiempo, rematando 33 veces al arco contra 7 de su rival; doce tiros de esquina contra dos y así podríamos seguir. Incluso Thomas Müller fallaría un penal. La suerte, esa noche, no estaba del lado del equipo de Pep. Simeone calificaría a aquel Bayern como el equipo más duro al que alguna vez se haya enfrentado.

Y así dejaría Múnich el técnico catalán, intentando no repetir lo que él consideraba como un error en su carrera: el cuarto año en el Barcelona. Después de tres temporadas, se marchaba de la Bundesliga, dejando un legado futbolístico que sería una influencia para entrenadores como Thomas Tuchel o, más adelante, Julian Nagelsmann.

ASÍ VIERON A PEP

Mucha gente en Latinoamérica me pregunta si en Múnich la era Pep se considera como un fracaso, porque no pudo ganar la Champions. Nada más lejos de la realidad y de la percepción que tienen los alemanes sobre el fútbol. El propio Uli Hoeneβ, luego de destituir a Ancelotti, lo invitó a Múnich para consultarle su opinión sobre la vuelta de Heynckes al Bayern. No es algo que un tipo como Uli, con su poder y su trayectoria, haga con alguien que considera un fracaso.

Para explicar esto se me ocurrió invitar a uno de los hinchas más famosos que tiene el Bayern. El es Michael Zeman, aunque en Múnich lo conocen como Buschmann. Buschi, como le dicen cariñosamente, no se perdió un sólo partido del Bayern de aquel momento y tiene una clara opinión formada.

"Siempre quedará un buen recuerdo de Pep en los hinchas del Bayern. Proponía un estilo de juego dominante y confiaba en los jóvenes talentos del club. Por supuesto que forma parte de los libros de historia del Bayern, aunque no haya ganado la Champions League", admite quien viaja 500 kilómetros cada día de partido para ver al club de sus amores.

Buschmann es una muestra de lo que piensa la mayoría de los hinchas bávaros en temas como la Champions: "No es algo que pase todos los días. Para ganarla se necesita suerte, pocas lesiones y un buen sorteo. Por eso jamás pensaríamos que es un fracaso no conseguirlo".

Pero tampoco fue todo perfecto para ellos. "Algo que no me gustó es la forma en que Pep difamó al doctor Hans Müller Wohlfahrt. En eso le falta la sensibilidad humana que tienen Heynckes o Flick. Si la tuviera, sería perfecto", recuerda. Es que, tras aquella segunda temporada de lesiones que mencionábamos, Guardiola hizo despedir al histórico médico del club, culpándolo por eso. Una de las primeras cosas que hizo el Bayern, tras la partida de Pep, fue traer al doctor de regreso.

Otro que siguió muy de cerca el proceso es Juanma Romero, popularmente conocido como Guardiolato. De origen catalán, vive hace muchos años en Alemania y reportaba para los medios de su país las aventuras de Pep en la Bundesliga. Él tomó ese sobrenombre porque los medios españoles definían así a la forma de jugar un partido en el que, aún perdiendo, se había dejado la imagen de que se mereció ganar.

"La última vez que vi a Pep fue en la zona mixta, tras la caída ante el Atlético de Madrid. Estaba sonriendo, parecía feliz. Seguro que pensaba que no se podía haber hecho nada más para ganar el partido", recuerda Juanma. No es que los hinchas del Bayern también lo estuvieran, pero sí es cierto que aquella noche vibraron con el fútbol del equipo.

Pero un periodista objetivo como pocos, como es él, también reconoce que era prácticamente imposible repetir lo que había logrado en Barcelona: "Estaba en su casa, era el hijo de Cruyff y tenía una camada de jugadores formados con esa filosofía".

Llegó a Múnich tras el triplete de Heynckes, quien había dejado la vara altísima, a lo que se le sumaba que mucha gente esperaba que repitiera la faena de Barcelona. "Al Bayern le hizo bien que llegara Pep justo en ese momento. Un tipo tan obsesivo del día a día logró que un plantel que venía de ganarlo todo no se relajara ni un segundo", analiza Romero.

Una prueba de esa obsesión fue el excelente nivel de alemán que mostró el técnico, ya desde su primera aparición ante la prensa muniquesa. "Estuvo un año con una profesora que lo seguía como su sombra. Se la llevaba hasta en los viajes a Barcelona", nos dice el periodista catalán.

Incluso Guardiolato, un culé reconocido, admite que Pep evolucionó en Múnich y llegó a jugar un fútbol más agresivo y dominante que el que había mostrado en Barcelona. Y por cosas como esas, también está convencido de que la posta de Pep ha sido recogida por Julian Nagelsmann, tal vez el técnico que más se le parece.

En fin, la Bundesliga ha sido la cuna de grandes entrenadores. En su gran mayoría alemanes, y muchos de ellos exjugadores. Escoger cuatro implica una tremenda injusticia con los muchísimos que quedaron afuera de este repaso. El punto era usar estos cuatro nombres para seguir ahondando en aspectos que definen al fútbol alemán.

Y ahora, si me acompaña, lo voy a llevar a la siguiente estación de este viaje para descubrir otra de las cosas que identifican a la Bundesliga como casi ninguna otra: la formación de jóvenes talentos.

CAPÍTULO 8

DIE KNAPPENSCHMIEDE [FORJADO DESDE ABAJO]

"No compramos superestrellas, las fabricamos aquí".

Lars Ricken, director de la Academia Juvenil del BVB.

Hace unos capítulos le contaba cómo se reconstruyó el fútbol alemán apelando a sus bases y formando juveniles que luego llegaron a ser campeones del mundo.

A partir del cambio de milenio, cada club empezó a invertir mucho dinero tanto en instalaciones como en capacitación de formadores, porque la federación alemana no sólo los obligaba a hacerlo, sino que también los seducía con importantes premios económicos.

No es casualidad que hoy la Bundesliga sea, junto a la Ligue 1, la competición con menor promedio de edad en sus jugadores, entre las ligas *top* de Europa.

Al final de la historia, esto beneficia a todos, porque los clubes obtienen réditos económicos cuando pueden transferir a los chicos que formaron o simplemente ganar dinero con ellos, en base a títulos y contratos publicitarios. Por otro lado, le ha permitido a la selección alemana volver a los primeros planos mundiales, tanto en mayores como en las distintas divisiones juveniles.

Todos los clubes, decía, tienen sus academias, pero hay algunas que se destacan por sobre las demás. El Bayer 04 Leverkusen, por ejemplo, tiene una cantera que es orgullo en la región. El RB Leipzig, que tiene la política de fichar jóvenes de menos de 24 años, ha montado también una estructura modelo en sus instalaciones de Cottaweg.

El FC Bayern invirtió más de 70 millones de euros en construir un fastuoso campus, que fue inaugurado en 2017, y en donde viví una historia que le contaré más adelante. En la selva negra, el SC Freiburg fue uno de los pioneros en la formación de jóvenes talentos, siendo esta la principal fuente de jugadores para la Primera División.

Pero una de las canteras más famosas, incluso fuera de las fronteras alemanas, es la del FC Schalke 04. Conocida como Knappenschmiede, el nombre hace alusión al pasado minero de la ciudad de Gelsenkirchen. Es que traducido al español significa 'forjado desde abajo', lo que puede aplicarse a un mineral extraído de una mina o a un jugador profesional formado desde pequeño.

El predio en donde funciona se denomina Schalke Feld [campo Schalke] y cuenta con nada menos que 9 terrenos de juego con césped artificial más uno cubierto para practicar en días de mal tiempo. Parte de las instalaciones es, como veremos, una de las escuelas élite de la DFB en la que los chicos reciben su educación diaria.

Hace un tiempo, tuve la posibilidad de conocer cómo trabaja la cantera que ha formado a talentos como Manuel Neuer, Mesut Özil, Benedikt Höwedes o Leroy Sané. Uno de los responsables de controlar el trabajo de las divisiones juveniles es una leyenda del club, como Gerald Asamoah, quien tantas alegrías le dio al equipo azul real.

El exdelantero del Schalke nos esperaba en la recepción de las instalaciones que están ubicadas cerca del estadio actual para darnos la bienvenida y contarnos algunas anécdotas de su carrera, que no vienen al caso citar en este capítulo, pero que son parte del espíritu que intenta forjar en los chicos, basado en la pasión por lo que hacen.

DIVISIÓN DEL TRABAJO

Quien fuera uno de los más famosos delanteros de los mineros nos contaba también que el trabajo se divide en cuatro categorías para comenzar a formar a los chicos desde una edad temprana.

La primera de ellas va desde la U8 hasta la U11. Siendo que la 'U' refiere a 'unter' [por debajo]; en Gelsenkirchen los chicos empiezan a trabajar aún antes de haber cumplido 8 años.

Estas primeras categorías realizan un trabajo especializado en fijar conceptos básicos del juego y darle a los chicos herramientas técnicas para poder jugarlo correctamente.

Entre la U12 y la U14 se empieza con la construcción del jugador y ya veremos cómo es que lo hacen. Entre la U15 y la U17 se trabaja más duramente en el rendimiento y en darle al jugador herramientas técnicas. Recordemos que, a partir de las normas que entraron en vigencia hace un tiempo, los chicos pertenecientes a la U17 ya están habilitados para jugar en la Bundesliga, a partir de haber cumplido los 16 años.

Y finalmente existen dos categorías de transición, llamadas U19 y U23, en las que algunos jugadores ya suelen te-

ner contratos profesionales y deben estar listos para jugar en primera en cuanto el equipo los requiera.

Así es el camino ideal que hace un chico formado en la Knappenschmiede hasta convertirse en un profesional reconocido. Pero para entender cómo son los primeros pasos, tuve la posibilidad de conversar con Sam Farokhi, quien es el entrenador en jefe de estas primeras divisiones.

EMPEZAR DESDE MUY ABAJO

Uno de los lemas de esta academia en el desarrollo de los más pequeños es que al fútbol se aprende a jugar 'jugando'. No es una redundancia, sino que muestra que a un niño de menos de 10 años hay que abordarlo de una manera acorde a su estado de desarrollo.

Esa fue mi primera pregunta para Farokhi: ¿Qué es lo que se le enseña a un chico tan pequeño? "Se trata todo de la formación y de comenzar a darle herramientas técnicas. Pero también trabajamos en la coordinación de su cuerpo e incluso en la formación de su personalidad", me decía el entrenador.

Hay ciertos ítems en los que se concentran, más allá de la técnica. Un aspecto muy importante es desarrollar no sólo la personalidad, sino la inteligencia del niño para que comience a entender el juego. Estos aspectos son, según Farokhi, muy importantes en la etapa que va de la U9 a la U11.

Pero también, en esta etapa del desarrollo, hay una delgada línea entre formar la mentalidad de un niño y ponerle una excesiva presión sobre sus espaldas. "La mentalidad es algo muy importante para nosotros. Pero trabajamos con grupos homogéneos que tienen cualidades técnicas similares y cada entrenamiento tiene un grado de competitividad muy alto. Cada uno de ellos es el principal interesado en desarrollarse a través de cada trabajo", nos cuenta Farokhi, señalando que la presión es algo subjetivo que el niño maneja en virtud de lo que puede soportar.

Y si muy pocos chicos, de los que están en la última etapa del desarrollo, terminan llegando a ser profesionales reconocidos, imagínese que los filtros que debe pasar un niño de 10 años son aún mayores. "Están en una etapa muy lejana al profesionalismo. Es muy difícil saber quién realmente lo terminará consiguiendo", reconoce el formador.

Una parte muy importante es la técnica y en esto se trabaja mucho. Pero lo que realmente define si un niño de 10 años será el Leroy Sané del mañana es la actitud hacia el deporte que muestre desde sus comienzos. Para mi entrevistado, esto último "Es casi más importante que la técnica".

En el capítulo en el que le contaba sobre cómo se desarrollaron las academias juveniles, como paso previo para la reconstrucción del fútbol alemán, mencionaba que Lahm había admitido que, en una etapa más avanzada de su desarrollo, apenas tenía dos días de trabajo semanal, antes del cambio de estrategia.

Hoy en día, ya un chico de 10 años, que trabaja en la Knappenschmiede, entrena tres veces por semana. Y no lo hacen más porque, en esta etapa de su formación física, necesita tener tiempos de regeneración después del duro trabajo.

Antes de despedirnos, Farokhi me comentaba que es muy importante que el niño tenga tiempo, no sólo para estudiar, sino para descansar y divertirse. Si no se logra ese fino balance entre estudio, entrenamiento y diversión, difícilmente un niño pueda soportar una carrera tan demandante, incluso antes de llegar a su pubertad.

EN CASA, LEJOS DE ELLA

Como hemos visto antes, Alemania es un país muy federal. En cualquier rincón hay un pueblo en el que vive mucha gente. Sin embargo, los jugadores y los futuros talentos pueden nacer en el pueblito más recóndito del país y no por eso van a perder la oportunidad de formarse en la academia del Schalke.

Para los niños que viven en la región, ir a entrenar implica un corto viaje, que realizan a diario. Pero para aquellos que nacieron más lejos, el club debe encontrar una solución. En el caso del Schalke, la institución cuenta con dos enormes casas, transformadas en complejos habitacionales. Estas residencias están destinadas únicamente a chicos de entre 16 y 19 años, que empiezan su última etapa de formación.

Cuando tuve la posibilidad de visitar la academia del club, me llevaron a una de estas casas, ubicada a pocos metros del centro de entrenamiento. Se trata de una gran construcción que supo ser la morada de algunos futbolistas profesionales y que fue dividida en departamentos internos para albergar a 11 juveniles.

Allí me encontré con un joven llamado Lukas Ahrend, que en aquel momento tenía 17 años. Lukas nació en Nürnberg, a más de 400 kilómetros de Gelsenkirchen, y empezó a formarse en las inferiores el 1. FC Nürnberg hasta que pasó a las filas del Schalke para jugar en la U17.

Hoy es un chico de 20 años que fue cedido al Fürth II para tener minutos en la liga regional. Mide 1,83 metro, juega de mediocampista defensivo y participó de varias divisiones juveniles de la selección alemana.

En el momento de mi visita, Lukas acababa de llegar a Gelsenkirchen y me abrió las puertas de su nueva vida para contarme cómo era ser un juvenil 'expatriado' que vivía en la casa del club.

Sentado cómodamente en el living de uso común, Lukas me decía que desde que empezó a patear una pelota, en su Nürnberg natal, sabía que quería ser un jugador profesional. "Desde chico me gustó jugar como mediocentro porque gran parte del juego pasa por tus pies. Además, desde esa posición, tienes un gran panorama de lo que pasa en el campo", relataba el juvenil.

Cuando el Schalke lo fue a buscar, Lukas no dudó en aceptar la propuesta. Como le decía, esta es, tal vez, la academia más famosa de Alemania, también porque los chicos saben que en el primer equipo hay más lugar para talentos formados en la cantera que en otras instituciones.

Uno de los jugadores que Lukas tiene como espejo, porque todos tienen uno, es León Goretzka. El hoy mediocentro del FC Bayern, al igual que Lukas, fue formado en otro club en sus inicios, en Bochum. A diferencia de Ahrend, él llegó al Schalke ya para unirse al primer equipo, aún siendo muy joven.

Con 17 años, edad en la que se puede ser jugador profesional, Lukas sabía lo que se le venía por delante si concretaba su sueño. "Los jugadores tienen una vida muy linda, que seguro disfrutaré. Pero también es cierto que llevan sobre su espalda una presión enorme. Sé que la cosa se puede poner muy difícil, pero aun así es muy lindo", confesaba el joven.

Y tal vez la historia de Lukas no vaya a ser la de un jugador exitoso. Hoy, con 20 años, bien podría ser hasta titular en el Schalke. Pero, como le contaba, está jugando en las ligas regionales.

Esto es algo que tanto formadores como formados saben desde un principio. Es una aventura en la que las probabilidades de éxito son menores incluso que acertar un pleno en el casino. Pero, a diferencia de un juego de azar, aquí depende más de la aptitud y el esfuerzo que uno ponga que de la suerte.

Dejar a la familia lejos, a todos los amigos de la infancia y partir hacia algo nuevo, a tan corta edad, no es algo que cualquiera pueda soportar. Por eso son tan pocos los que llegan. La labor de un club como el Schalke es darle al joven todas las herramientas para que ese sufrimiento sea mínimo. Además, es la propia DFB, la federación alemana, la que se encarga de que estos chicos reciban una educación de élite en la "Gesamtschule Berger Feld".

Un jugador en formación no puede recibir la misma educación que un niño normal, ya que los horarios deben alterarse. El esquema prevé clases en diferentes momentos del día para dejar espacio a entrenamientos matutinos.

En una etapa más avanzada, los jóvenes estudian por las mañanas, dejando las tardes para hacer los deberes y descansar, trasladando los entrenamientos a la noche. El edificio en el que los chicos estudian está a pocos metros de los campos de entrenamiento. Y, como veíamos, los internados en los que viven los extranjeros también quedan en el área. Por tanto, no hay pérdida de tiempo ni riesgos de traslados para nadie.

Pero también está previsto que algunos chicos perderán días de clases por viajes regionales o a otros países de Europa a jugar diferentes competencias. Para ellos hay una atención especial, con tareas individuales, para asegurar que no pierdan el tren de educación que recibe el resto.

El objetivo es que no sólo los jóvenes no extrañen su hogar y sus afectos, algo que los alemanes denominan Heimweh, sino que reciban todas las herramientas para desarrollar sus carreras, ya sea en el fútbol o lejos de él, en el caso de los que no llegan.

CONSTRUIR UN ROL

Una vez que los niños han superado el primer nivel de la Knappenschmiede, llegan a las categorías que van desde la U12 a la U14, en donde ya no sólo se trabaja en la técnica individual, sino también en crear la conciencia de que cada jugador es parte de un equipo y tiene un rol determinado en el juego.

En este punto, los chicos pasan de jugar en un campo de juego reducido, a otro que tiene las mismas dimensiones que aquellos en los que juegan los profesionales.

El cuerpo de un joven de 13 a 15 años empieza a cambiar, por lo que los métodos de entrenamiento físico y futbolístico son más intensos. Un aspecto que se introduce en esta etapa es la táctica, porque en un campo grande los 11 jugadores deben seguir un cierto orden para funcionar.

Como decía anteriormente, los jugadores que superen esta etapa de la formación quedarán a un paso de transformarse en profesionales y podrían ser requeridos por el primer equipo en cualquier momento.

Cuando me tocó visitar las instalaciones, era Frank Fahrenhorst el encargado de comandar a este grupo de chicos. Hoy trabaja en otro club, pero la charla con él también me dejó cosas interesantes, ya que fue un defensor destacado a principios de este siglo, llegando a jugar incluso en la selección alemana.

El formador admitía que el proceso de 'construcción' de un jugador ha cambiado mucho, si lo comparamos con los tiempos en los que él se formó, allá por los años 80 y 90.

"Los chicos de hoy en día están mejor entrenados y tienen una capacidad muscular mucho más completa que la que teníamos nosotros", me confesó. Frank piensa que esto se debe a una evolución de los métodos de entrenamiento, a una mejor infraestructura disponible para la tarea y a un mayor conocimiento de los métodos de formación.

Esta es la razón por la que la Bundesliga ha cambiado el límite de edad en la que un jugador puede sumarse al equipo profesional y jugar partidos oficiales. Los récords de edad se siguen batiendo con mucha frecuencia y hoy ya contamos los años, meses y días que van desde el nacimiento del joven hasta el momento en que marca su primer gol en la Bundesliga o en la Champions.

Como comentaba en el capítulo sobre el cambio en el fútbol alemán, los jugadores hoy no sólo son mejores físicamente, sino que han desarrollado una mayor inteligencia para entender el juego. Esto no se debe a condiciones innatas, porque no es que un joven de hoy sea más inteligente que uno de hace 20 años. Pero la información de la que dispone hoy ese chico, no la tenía un juvenil de otro tiempo.

También decía que se empieza a construir el rol de cada jugador y esta es la etapa en la que el entrenador escoge la posición en la que cada uno puede rendir más. He hablado con muchos profesionales que me confesaron que en juveniles eran delanteros, por ejemplo, y un entrenador les cambió el puesto al mediocampo o la defensa.

"Las posiciones no son fijas. Durante una temporada de competencia podemos ir probando distintos puestos para un jugador hasta encontrar el ideal", señala Fahrenhorst.

LISTO PARA DESPEGAR

Al chico que llegó hasta este punto le quedan aún dos etapas para alcanzar el profesionalismo, aunque los más destacados pueden llegar a saltear alguna. Hemos visto, por ejemplo, el caso de Moukoko, en Dortmund, que con 15 años de edad jugaba en la U19, para saltar a la primera al día siguiente de haber cumplido los 16.

En esta etapa, el jugador ha desarrollado la técnica y el entrenamiento físico adecuado para dar el paso a la Primera División, por lo que el foco de trabajo se centra en la inteligencia táctica. Los roles que fueron aprendidos en el paso anterior deben ser aplicados ahora en cada partido.

Durante dos años, los jóvenes que lleguen a este punto competirán en el equipo B-Jugend [Juvenil B]. Este es uno de los últimos filtros, porque la siguiente etapa ya será de pura competencia.

Cuando accedan a la U19, las cuestiones tácticas se complejizarán porque se considera que están en la llamada 'zona de transición'. En este punto no sólo pueden ser elegidos para el primer equipo, sino que, dependiendo de lo que hagan los profesionales, pueden acceder a competir en la Youth Champions League, enfrentando a los mismos equipos U19 que hayan sido sorteados en el grupo de la Champions League.

En este punto, el trabajo en el aspecto psicológico empieza a ganar importancia. Hay que preparar al joven para que sea miembro del primer equipo o para que acepte que su carrera como jugador no tendrá futuro y que deberá dedicarse a otra cosa. Lamentablemente, este es el caso de la gran mayoría de los chicos.

Los mejores de ellos, junto con los que ya estén en la U23 (última categoría), son elegidos para entrenar a diario con el equipo profesional. Incluso, muchas estrellas del primer equipo suelen 'bajar' a entrenar y jugar con los juveniles, luego de alguna larga inactividad por una lesión, antes de regresar al entrenamiento con sus pares.

LOS RESULTADOS DEL TRABAJO

Un desarrollo tan profesional e integrado da como resultado una promoción constante de jóvenes al primer equipo. Y aún los que no lo logren, habrán recibido una formación y entrenamiento que les servirá en otras profesiones.

En un club del tamaño y la historia del Schalke, no es fácil llegar ser promovido al primer equipo. Pero la institución puede golpearse el pecho y decir que, desde 1999, al menos un juvenil ha sido incorporado al primer equipo en cada año (a veces siete, otras veces tres).

Parece poco, si lo comparamos con la cantidad de jóvenes que ingresan cada año. Pero le aseguro que no hay muchos clubes en el mundo que logren una tasa de promoción como la que tiene el Schalke.

Siendo que la institución, por su situación financiera, debe vender jugadores cada año, la Knappenschmiede termina siendo una fuente de ingresos y se ha convertido, en algún punto, en un gran semillero del que han surgido estrellas mundiales.

Sólo para repasar algunos nombres, en 2005 llegó un tal Manuel Neuer al primer equipo. Allí brilló durante algunos años hasta que fue transferido, en 2011, al FC Bayern. Manuel es de la ciudad y era incluso parte de un club de ultras del Schalke.

En 2006 sería promovido Mesut Özil, campeón del mundo, al igual que Neuer, en Brasil 2014. Tendría un corto recorrido en el club, ya que partiría al Werder Bremen, un año más tarde, para brillar durante varias temporadas en el equipo del norte.

Otro campeón del mundo llegó al equipo principal en 2007, Benedikt Höwedes. El sí tuvo un largo paso por el club, logrando ser el capitán y símbolo del equipo antes de partir a la Juventus al final de su carrera.

En 2008 sería promovido uno de los 'nuestros'. El peruano Carlos Zambrano había llegado a la academia del Schalke, dos años antes, sin haber jugado nunca en Primera División en su país. Estaría dos temporadas en el primer equipo antes de partir al St. Pauli y construir una larga carrera en la Bundesliga.

Otro nombre conocido en el mundo del fútbol es el del jugador camerunés, nacionalizado alemán, Joel Matip. El talento, que luego partiría al Liverpool, surgió en un año en el que el Schalke logró promover siete jóvenes al primer equipo, en 2009.

En 2011 habría una sola promoción, pero sería muy destacada. Julian Draxler había llegado al club 10 años antes y en Schalke se transformó en una estrella mundial, para ser transferido al Wolfsburg cuatro años más tarde.

Cuando Draxler se fue, apareció otra estrella que llenaría su vacío. En 2015 fue promovido Leroy Sané, hijo de otro jugador de la Bundesliga, Souleyman Sané, nacido en Senegal. El padre jugaría al fútbol con Joachim Löw en el SC Freiburg y el hijo estaría a las órdenes de Jogi en la selección alemana. Leroy sería parte de la academia durante cuatro años y partiría al Manchester City luego de una destacada temporada en Gelsenkirchen.

En 2016 sería el defensor Thilo Kehrer quien daría el salto, luego de haber llegado desde la academia del Stuttgart cuatro años antes. En 2017 sería el turno de un estadounidense, Weston McKennie. Tardó sólo un año en ser promovido luego de haber llegado desde la cantera del Dallas, en su país natal.

Estos son sólo algunos de los ejemplos de un club que forma muchísimos jugadores y que lamentablemente no ha logrado retenerlos durante mucho tiempo después que llegan al primer equipo.

Y así terminamos esta parte en la que hemos conocido en detalle la manera en la que trabaja un club formador en la Bundesliga. Ahora le propongo dar vuelta la página para

conocer otro aspecto del fútbol alemán: las tradiciones. Si me acompaña, vamos a viajar hasta Berlín para conocer la leyenda del Eisern Union...

CAPÍTULO 9

EISERN UNION
[LA UNIÓN DE HIERRO]

"Nunca vamos a silbar a nuestros jugadores, ni ante la peor derrota. Ellos y nosotros somos uno, y si perdemos, lo hacemos todos juntos".

Christian Arbeit, voz del estadio del 1. FC Union.

En el mundo del fútbol profesional millonario, respaldado por empresas e inversionistas, quedan en Alemania algunos ejemplos de la vieja guardia, que mantienen vivas tradiciones desde la época del amateurismo.

Lógicamente, instituciones con estos principios corren en desventaja frente a clubes-estado o aquellos que tienen detrás capitales que fluyen cada año, permitiéndoles realizar costosos fichajes.

Pero el fútbol alemán, por suerte, aún tiene vestigios de aquella época romántica, que parece haber quedado atrás. Uno de esos ejemplos es el 1. FC Union Berlin, conocido

popularmente como el Eisern Union, siendo que 'Eisern' significa 'hierro'.

Esa denominación tiene muchos significados porque cuenta parte de la historia de la ciudad, al tiempo que define la 'unión' que existe en un club en el que todos son considerados miembros de una gran familia.

La historia del Union, sin embargo, es sinónimo de sufrimiento y lucha. Les costó nacer, mantenerse y hasta competir. La cronología que le voy a contar pertenece a un sufrido club de Berlín, pero vale aclarar que, en el camino, tuvo varios formatos, fusiones, separaciones y cambios de nombres.

UN VIAJE A BERLÍN

Cuando el Union llegó a Primera División, tras un tremendo cruce frente al Stuttgart por el repechaje, viajamos hasta Berlín para conocer, de primera mano, la historia de un club del que mucha gente estaba empezando a hablar.

Hay muchas leyendas que se cuentan en el mundo de la Bundesliga sobre esta institución, como aquella en la que los hinchas construyeron el estadio con sus propias manos. Bueno, quedará como una leyenda, y tampoco fue todo el estadio. Pero, como veremos, es más realidad que mito.

Llegamos hasta Köpenick, ubicada en el sureste de Berlín, en lo que antiguamente era el sector oriental. Un distrito que recién en los años 20, del siglo pasado, fue incorporado oficialmente a la ciudad capital de Alemania.

Conduciendo a orillas del famoso río Spree, llegamos hasta el barrio Obershöneweide, cuyo nombre es importante para la historia del club, y nos encontramos allí la estampa roja del mítico An der alten Försterei, el estadio del FC Union.

Su nombre significa "En la vieja casa forestal", porque junto a él se encuentra una construcción antigua llamada Forsthaus [casa del guardabosques], que hoy es la sede administrativa del club.

Allí nos esperaba Christian Arbeit, un personaje que define perfectamente lo que es la filosofía del Union. Es el responsable de comunicación del club y también la voz del estadio en cada partido. Barba prominente y una apariencia juvenil e informal tan típica de Berlín.

"Soy el hombre que siempre le da la bienvenida a todos en el estadio", nos dijo. Y así lo hizo con nosotros, contándonos que es parte del club desde 1996, cuando el Union ni soñaba lo que el destino y la Bundesliga le tenían preparado.

Arbcit nos empezó a contar cómo, desde su origen, este fue un club de trabajadores, y de las clases bajas de lo que ni siquiera era Berlín, en aquel entonces.

Podemos decir que el embrión del Union lo encontramos allá por 1906 cuando un grupo de trabajadores empezaron a patear una pelota y se dieron cuenta de que aquello que la gente llamaba fútbol (era un deporte recién nacido en aquel entonces) los divertía mucho.

Así nació el club Olympia, cuyos colores originales eran el negro y amarillo. El hito ocurrió un 17 de junio de 1906, cuando en el restaurante Groβkopf [Cabeza grande], se fundaba el Olympia Oberschöneweide. Como dije, el nombre Berlín no existía para esta gente porque aún no eran parte de la ciudad.

El club se originó en la fusión de otras dos instituciones incipientes como el BT y el FC Union 1892, que venía de ganar el campeonato alemán el año anterior. En 1910 se separarían y emergería un nuevo club que conservaría el

nombre Union y los colores azul y blanco del BT. El nombre completo era Union 06 Oberschöneweide.

El club comenzó a crecer deportivamente, ascendiendo de categorías y compitiendo en la Oberliga de Berlín hasta que fue necesario construir un nuevo estadio, allá por 1920. El predio escogido se encontraba junto a una vieja casa forestal y es el mismo lugar en donde está emplazado el estadio actual. Su nombre era Sportpark Sadowa y así comenzaba la leyenda del Union en el distrito de Köpenick.

El color azul recordaba a los uniformes de los trabajadores de la industria del hierro y fue entonces cuando nació el lema Eisern Union [Unión de hierro]. Era el club del proletariado, a diferencia del resto de los equipos de Berlín, como el Viktoria 89 o el Tennis Borussia.

Pero deberían enfrentar muchísimas vicisitudes hasta el punto de dividirse, cambiar de nombre y hasta que una parte de aquel Union original se mudara al oeste de Berlín. Más que mudarse, huyeron del régimen comunista, pero la construcción del muro les daría un golpe letal.

La historia del Union la seguirían forjando los miembros que resistieron y se quedaron en el este, con tantos problemas que la institución tuvo hasta cinco cambios de nombres en este tiempo.

LA NUEVA UNION DE HIERRO

Finalmente, el 20 de enero de 1966, surgiría lo que hoy conocemos como 1. FC Union Berlin. Tanto el nombre como el emblema y los colores del nuevo club fueron escogidos por los hinchas.

Christian Arbeit recuerda aquel comienzo, a pesar de ni siquiera haber nacido entonces. "El gobierno de la RDA quería reorganizar el fútbol y se dieron cuenta de que los trabajadores necesitaban estar representados por un club. El nombre Union fue propuesto por la gente, en honor a aquella institución fundada en 1906", señala.

Paradójicamente, a poco tiempo de su fundación, ganarían el primer título y el que terminaría siendo el más importante en la historia del club hasta estos días. En 1968 derrotarían en la final de la Copa Alemana del Este al FC Carl Zeiss Jena.

En la entrada al estadio, hoy en día, podemos encontrar una gran estatua en honor a los jugadores de aquel equipo levantando la copa. "Terminaría siendo nuestro único título, porque siempre hemos estado peleándola y sufriendo con descensos y promociones", reconoce Arbeit.

Pero Union era uno de los buenos equipos del este de Alemania al que el destino no lo acompañaba. Cuenta la leyenda que el club favorito del gobierno era el Dynamo Berlín, considerado como el representante de la élite de la ciudad y apoyado por la Stasi, que era la policía del régimen.

También estaban en el lugar incorrecto, en el momento equivocado, podría decirse. Es que, como campeones de copa, tenían el derecho de jugar la Recopa de Europa en 1969. En medio de la Guerra Fría, sería el año de la Primavera de Praga, un conflicto que resultaría sangriento. Por ese motivo, el gobierno de la RDA quitó a todos sus equipos de los sorteos europeos. El joven equipo del Union se quedaba sin chances de jugar una copa internacional.

Y la fortuna seguiría siendo esquiva. "Siempre que nos caíamos a la Segunda División, volvíamos rápido. Pero tuvimos mala suerte en los tiempos de la reunificación porque no nos encontró en la máxima categoría. Fue hasta muy difícil poder llegar a la 2. Bundesliga", recuerda la particular voz del estadio.

A todos los clubes del este les costó integrarse, como hemos visto en otros capítulos de este viaje. En particular, Union sufría tantos problemas económicos que no llegaba a alcanzar los estándares necesarios para ser admitido en la Segunda División de la liga reunificada a finales de los años noventa.

En aquella época, Arbeit era ya parte del club y nos cuenta que tuvieron que luchar mucho, todos juntos, para evitar la quiebra. Aún con todos esos problemas, y sin poder salir de la Tercera División, lograrían otro golpe en el tablero.

"En 2001 llegamos a la final de la Copa Alemana y recién ahí nos batió un Schalke que, por aquel entonces, era un equipo poderoso, inclusive en Europa", recuerda Christian. Fue un 2 a 0 para los mineros en un Olympiastadion de Berlín que estaría colmado de gente.

Como subcampeones, y como Schalke ya estaba clasificado para la Champions League, tuvieron la posibilidad de jugar la Copa de la UEFA. Fue un hecho histórico porque sigue siendo el único equipo alemán de Tercera División que logró llegar al escenario Europeo.

"Fue un gran momento. Ese año habíamos conseguido la ansiada promoción a la Segunda División y en Europa pudimos superar la primera fase", recuerda con emoción quien tuvo la fortuna de experimentar aquello en primera persona.

Pero claro, no le habría dedicado un capítulo de este libro si la historia no hubiera sido tan particular para el Eisern Union. Luego de tres años en la 2. Bundesliga, caerían tan fuerte como nunca antes. "Llegamos a la Cuarta División. Por suerte, sólo por una temporada", lamenta Arbeit.

Con mucho esfuerzo, como siempre, regresarían a la Segunda División, en donde permanecerían por más de 10 años. "Después de un tiempo, ya no era sorpresa estar ahí. Nos establecimos como un equipo permanente y, en los últimos cuatro, años empezamos a ser favoritos para lograr un ascenso a la Bundesliga", señala nuestro anfitrión.

ERSTE LIGA...

Todo en esta vida se logra con esfuerzo, y el Union es uno de los mejores ejemplos. Después de décadas de pelear contra todo y contra todos, de descender hasta el infierno futbolístico, de ser perjudicado por guerras y decisiones políticas, llegaba el día que habían soñado aquellos trabajadores de Oberschöneweide más de un siglo atrás.

"Lo logramos en aquel mayo de 2019 y fue la fiesta más grande que se haya celebrado en esta tierra", recuerda Arbeit con una sonrisa. Union Berlin le ganaba el duelo de repechaje al VfB Stuttgart y llegaba, por primera vez en su historia, a la Bundesliga.

Después de muchos años, dos equipos de Berlín iban a representar a la ciudad en la mayor liga nacional y esa historia fue única. Ni aunque Union volviera a ganar un título, se repetiría aquella sensación. "Nunca habrá una fiesta más grande aquí. Lo aseguro", dice el portavoz del estadio sin dudar.

Y eso les dio el derecho de medirse con los más grandes. Para colmo, el sorteo estableció que el primer partido de la temporada sería ante el otro equipo de la ex República Federal, el RB Leipzig. Ese día se enfrentaban, además, dos visiones completamente distintas del fútbol.

Un estadio completamente lleno sufrió un poco de la cruda realidad de la Primera División porque el equipo de Julian Nagelsmann le propinó un 4 a 0, que pudo ser inclusive mayor. Pero esa no sería la tónica de la temporada.

La primera victoria llegaría rápidamente y sería ante un gigante. Después de un empate a uno en Augsburgo, que significó el primer gol en la historia del Union en la Bundesliga, les tocaba recibir al Borussia Dortmund en An der alten Försterei.

"Nadie esperaba nada de nosotros. Pero fue un día mágico. Se podía sentir una vibra especial en la gente. Empeza-

mos a percibir que si no dejábamos a los chicos sólos en el campo, todos juntos, podíamos ganar partidos", cuenta Arbeit con pasión.

Sería un 3 a 1 ante 22.000 espectadores que deliraron como aquel día en el que le ganaron al Stuttgart. Las palabras de Urs Fischer, el entrenador, luego del partido, lo explican todo: "Pudieron verlo hoy en 90 minutos. Tenemos un equipo armado y estamos dispuestos a hacerlo. Hoy demostramos que podemos jugar con la misma valentía con la que entrenamos".

Al final de esa temporada, paradójicamente, lograrían sumar la misma cantidad de puntos que el Hertha BSC, el otro equipo de la ciudad. Esto es un mérito para el Union porque su vecino cuenta con el apoyo de un poderoso inversor, que apostó mucho dinero por formar un gran equipo. En Köpenick, en cambio, no sobran los recursos.

TODOS PARA UNO Y UNO PARA TODOS

Arbeit conoce como pocos la estrecha relación que existe entre el equipo y sus hinchas. "De la misma forma que no insultas a tu hijo cuando se equivoca, nunca lo harán los hinchas con el equipo. ¿Sabes por qué? Porque somos uno. Aquí ganamos y perdemos todos juntos", me decía, mirándome fijamente a los ojos.

Para apoyar su teoría, me contó lo que le ocurre a los jugadores que llegan al Union desde otros equipos. Muchos de ellos habían escuchado que esta química estaba en el aire, pero se sorprenden cuando la viven en primera persona.

Christian me contaba que no ha visto a nadie silbar o insultar, ni aún en las peores derrotas. "Los despiden con aplausos y con un sentimiento de aceptación del hecho de que ese día la cosa no funcionó, porque saben que el próximo fin de semana no volverá a ocurrir", confiesa.

En su propia experiencia, siendo la voz del estadio desde el año 2006, sabe que su tarea no es hacer un show. El hincha del Union no necesita que lo entretengan, sino que alguien que comparte su sentimiento les hable lo justo y necesario. Y él sabe hacerlo: "Mi tarea no es divertir a la gente. Eso lo hace nuestro equipo..."

Una anécdota que muestra lo que es este club y su gente se dio en aquella inolvidable primera fecha de Bundesliga. Como le contaba, el partido terminaría con una abultada derrota, pero los hinchas hicieron algo que el mundo del fútbol recordará por siempre.

Un club que tardó casi 60 años en llegar a la Bundesliga, provocó que muchos de sus hinchas no llegaran con vida al momento más importante de su historia deportiva. Pero eso no impediría que estuviera allí.

Muchos de los fanáticos decidieron pagar dos entradas, para poder llevar con ellos una gran foto con la cara de un familiar o amigo que, siendo fanático del Union, se había ido de este mundo antes de aquel mágico 2019.

Las tribunas se llenaron de fotos en blanco y negro tan grandes que todo el mundo pudo ver por televisión sus caras. Ellos ya no estaban físicamente en este mundo, pero le puedo asegurar que aquella tarde, en Köpenick, había mucho más que 22.000 almas.

"Fue una idea de los hinchas que nos gustó. Simplemente los ayudamos para que fuera posible. Realmente nos emocionamos... Todos", recuerda Arbeit.

Ellos son los que mantienen viva la leyenda del Union, un club que hoy tiene más de 28.000 socios. Como se imaginará, conseguir una entrada para ver un partido de local es

prácticamente una quimera. Los Eisern de toda la vida lo ocupan todo.

Antes de cada encuentro, como ocurre en todos los estadios, bufandas arriba, se canta el himno del club. Éste también tiene una historia particular porque nació en 1998. Si recuerda, era el momento en el que la institución estuvo coqueteando con la bancarrota.

"Teníamos que elegir a un intérprete que llamara la atención porque estábamos en las divisiones más bajas, sin dinero y sin socios. No teníamos tanta popularidad", recuerda Arbeit. Por eso escogieron a una famosa cantante de *punk-rock*, llamada Nina Hagen.

Nina nació cerca de Köpenick y su padre era fanático del Union. Así fue como la cantante puso su voz a una melodía muy pegadiza que hoy cantan con orgullo más de 22.000 personas en cada partido de local.

MANOS A LA OBRA

Le decía que la leyenda cuenta que fueron los mismos socios los que se encargaron de reconstruir el estadio en el que hoy juega el Union y también le aseguraba que no es un mito, sino que verdaderamente ocurrió.

Bastante tiempo atrás, cuando el 1. FC Union competía en la liga regional del este, el estadio había sido ampliado hasta la capacidad actual. Pero en aquellos malditos años noventa la estructura se estaba cayendo, literalmente.

La capacidad se redujo de más de 22.000 a 18.000 plazas y se temía un derrumbe. La situación se mantuvo hasta el año 2008, cuando la DFL les exigió realizar las reformas necesarias. Si bien estaban en la Tercera División, no regida por esta institución, en caso de ascender a la segunda, el reclamo sería procedente. Y el ascenso se daría en ese 2009.

Como se imaginará, los ingresos que se obtienen en una categoría tan baja no permiten financiar una obra de la transcendencia que se requería. Y así surgió un plan para hacerlo de la única manera que conoce el Union Berlin: todos juntos.

El club vendió acciones de An der alten Försterei para obtener parte del dinero que era necesario para levantar una nueva tribuna principal. Los hinchas y auspiciantes tenían la opción de comprar una cantidad limitada de acciones, y no sólo lo hicieron, sino que la cantidad de socios se incrementó hasta superar los 10.000.

De esta manera, con 2 millones aportados por el club, 10 millones por auspiciantes y casi 3 millones recaudados en la venta de acciones a más de 4.000 socios se reunió el dinero necesario para encarar la remodelación.

Una empresa constructora se ocupó solamente de las tareas de más alta complejidad. Pero gran parte del trabajo fue aportado por más de 2.300 socios, que en sus ratos libres ponían sus propias manos sin pedir nada a cambio.

Por esto es que los hinchas lo sienten como propio y se reúnen cada 23 de diciembre a cantar villancicos navideños todos juntos. Inclusive, durante el mundial 2014, el club transformó el campo de juego en una enorme sala de estar en la que los socios vieron a Alemania ser campeona del mundo en cómodos sillones situados sobre el césped.

El estadio de Köpenick es sólo un ejemplo más de lo que significa un club para una comunidad que se siente mucho más que simplemente hinchas.

LA VUELTA DEL DERBI

Si bien Berlín ha sido una gran proveedora de equipos de fútbol, nunca se habían enfrentado en la Primera División dos clubes provenientes de lados opuestos del viejo muro. El último choque entre berlineses había ocurrido 42 años antes de aquel 2019, cuando el Hertha había enfrentado al Tennis Borussia. Pero claro, ambos eran del oeste.

La casualidad quiso que el encuentro se diera al mismo tiempo que se cumplían 30 años de la caída del muro, pero el partido no se jugó el mismo día porque la policía no podía garantizar la seguridad ante dos eventos tan trascendentales.

El 9 de noviembre fue el aniversario de la caída del muro y, una semana antes, el Hertha visitó el barrio de Köpenick. El mismo Christian Arbeit fue uno de los que en aquel 1989, en cuanto el muro sucumbió, cruzó al oeste a ver un partido del Hertha. Lejos está él de cualquier cosa azul y blanca, pero se trataba de ver qué era ese magnífico estadio olímpico del que sólo había escuchado.

Hasta la caída del muro, existía una solidaridad entre ambas instituciones y sus respectivas hinchadas. Los seguidores del Hertha cruzaban al este a ver partidos del Union. Los Eisern no podían hacer lo mismo, pero los acompañaban por Europa del Este cuando, por ejemplo, al Hertha le tocó jugar en la antigua Checoslovaquia.

Dos equipos que no eran rivales en la cancha y que se ayudaban mutuamente, como dicen ellos, para decirle al muro que se 'fuera al demonio'. Hay registros de hinchas del Hertha, vestidos en azul y blanco, cantando "*Será, será...*" y terminando con un grito de guerra que decía: "Union, Union. ¡Eisern Union!".

Esta amistad fue quedando atrás en la Alemania reunificada. Especialmente cuando el Union se consolidó en la Segunda División, ya que, ante eventuales caídas del Hertha o en cruces de Copa Alemana, se empezaron a ver las caras.

Y aquel 2 de noviembre de 2019 quedaría en la historia como el primer día en que ambos se encontrarían en la elite del fútbol alemán. El ambiente en Berlín era especial. Aún siendo una ciudad cosmopolita, no están acostumbrados a que tantos medios internacionales se den cita en un estadio de fútbol.

Christian Arbeit gritaba los nombres de los jugadores en la previa como nunca antes lo había hecho. Se había preparado toda su vida para este momento que tal vez jamás soñó vivir. No cabía un alfiler en el estadio y miles de hinchas hicieron una larga previa en los alrededores del lugar.

Hertha llegaba en problemas, con una crisis deportiva manifiesta. Los rojos de Urs Fischer venían con la motivación a tope. Tenían todo por ganar y nada por perder porque el equipo favorito era el vecino, que había gastado millones en incorporaciones.

Además de las 22.000 almas que vibraron en el estadio, otros miles colmaron los bares de ambos lados de la ciudad. Los de rojo tendrían una alegría doble porque el héroe de la noche sería Sebastian Polter, uno de esos jugadores que adoran y que fue protagonista del ascenso a la Bundesliga.

"Moría de ganas de jugar y, cuando me tocó entrar, salté del banco soñando marcar un gol en este partido", contaba el número 9. Y un penal de Boyata le daría la posibilidad. La carrera de Polter hasta la pelota pareció durar años y su remate cruzado se clavaría arriba para ser el único gol del partido.

Polter no es de Berlín, sino del norte de Alemania. No se formó en la cantera ni es hincha del Union. Pero tiene una historia de lucha, porque llegó al club en 2014 después de no haber podido triunfar en Wolfsburg, Nürnberg o Mainz. Sebastian alcanzó 'su' gloria en Köpenick y los hinchas lo llevan tatuado en el corazón.

Berlín se vestiría de rojo por un día, o por unas semanas. Al menos hasta que llegara la revancha, en la que serían goleados por sus vecinos. Pero esa es otra historia. El partido que movilizaba a toda Alemania, y a buena parte del mundo, se había jugado en ese estadio que ellos mismos construyeron y se había ganado. Una alegría que jamás se olvidarán.

EISERN EN ESPAÑOL

Mi historia con el Union, además de esa primera visita a Köpenick, tiene también un capítulo especial. En las redes sociales me tocó conocer a muchos clubes de fans de equipos de la Bundesliga, algunos de ellos reconocidos oficialmente por la institución a la que siguen.

La gran mayoría está en Latinoamérica, pero hay un par de fanáticos del Union que nacieron y viven en España, con quienes hemos compartido muchas vivencias y que son también una muestra de la filosofía de este club tan particular. Ellos fundaron la cuenta de Twitter del Union en español, que no es oficial, pero que funciona como si lo fuera.

Su creador se llama Alberto Doblaré y su relación con el club comenzó por casualidad, pero haciendo algo que muchos compatriotas suyos prueban: buscar trabajo en Alemania. Esa búsqueda lo trajo a Berlín, allá por el 2010.

"Una de las primeras cosas que hice en Berlín fue ir a un estadio", cuenta Alberto. Curiosamente, no sería el del Union, sino el Olympiastadion para ver lo que él calificó como un aburrido partido entre el Hertha y el Alemannia Aachen. "Fui varias veces a ver al Hertha, pero las gradas sin llenar, el campo de juego tan lejano a las tribunas... Por eso nunca me consideré un Herthaner", confiesa.

Ante su frustración, un amigo lo invitó a ver al Union, prometiéndole que el clima sería diferente. Además, en aquel partido se enfrentaría al St. Pauli, otro de los equipos de 'corazón caliente'. La experiencia, según Alberto, "Superó todas las expectativas".

Viajando en metro a Köpenick, un viernes por la noche, bebieron cervezas en el camino junto con los hinchas alemanes. "Atravesamos el bosque y apareció el estadio, pequeñito, pero muy lindo. Se veían las gradas de cemento, sin asientos. Aquello era bien diferente a lo que había visto antes", cuenta quien ya era un Eisern y aún no lo sabía.

Hinchadas cantando durante los 90 minutos. *Rock and Roll* a todo volumen antes y después del partido. Un 4 a 2 a pura emoción, con victoria del local... Todo se conjugó para que Alberto sea inoculado por esta pasión que no ha abandonado en más de una década.

La filosofía del club también lo enamoró, incluso por el hecho de que los hinchas fueran el salvavidas financiero de la institución en reiteradas oportunidades. "En tiempos de jeques, grandes inversiones y prensa que sólo busca *clickbaits*, Union demuestra que se pueden hacer las cosas de otra manera", revela Doblaré.

El club enarbola la bandera de las protestas contra todo aquello que considera que no funciona bien en el sistema, sea este cual fuere. Alberto se enamoró de esto y estudió su historia con todo detalle. "En la época de la República Democrática Alemana, el BFC Dynamo (también de Berlín) era el equipo de la Stasi y cada partido contra ellos era una ocasión para protestar contra el régimen. Muchos hinchas habían sido marginados y pedían un cambio", revela este seguidor tan particular, sintiéndose uno de ellos.

La historia le tendría preparada una linda recompensa. Decidió abrir su ya famosa cuenta de Twitter cuando el Union derrotó al Stuttgart y logró el histórico ascenso. Apenas 9 meses después, recibió una invitación oficial de la institución para viajar a Berlín a ver un partido en el estadio con ellos.

"Me encontré con clubes de fans de otros países, como Holanda e Inglaterra, y tomamos cervezas juntos antes del

partido, como si fuéramos amigos de toda la vida", confiesa con emoción. Alberto ya cumplió su sueño, pero puesto a seguir soñando, algún día le gustaría seguir al Union por Europa en una competición internacional.

Una historia como tantas, que sirve para entender lo que es la pasión de los hinchas por el fútbol alemán. El FC Union, por todo su pasado, por su lucha y por los valores que representa, no podía quedar ausente en este viaje al corazón de la Bundesliga.

Ahora, si me acompaña, le propongo mudarnos al sur, porque le quiero presentar al hombre que cambió la historia del FC Bayern y, en gran parte, del fútbol alemán. Prepárese para conocer a Uli Hoeneβ. Tal vez, el dirigente más trascendente de la historia del fútbol de este país...

CAPÍTULO 10

DER MANN, DER ALLES VERÄNDERT HAT [EL HOMBRE QUE LO CAMBIÓ TODO]

"Me ocupé de cada mierda: los horarios de salida, los autobuses, las camisetas. En una emergencia, le atornillé los tacos a los jugadores".

Uli Hoeneß, expresidente del FC Bayern München.

En el capítulo de los entrenadores influyentes, me centré en Hitzfeld, Heynckes, Klopp y Guardiola. Seguramente que usted habrá pensado en nombres como Beckenbauer, Vogts, Cramer, Rehagel... ¿Cómo los vamos a dejar fuera de esta obra? ¿Me olvidé de escribir un capítulo sobre Gerd Müller?

Bueno, no es que lo esté haciendo, sino que he escogido los nombres que me servían para explicar distintos concep-

tos o momentos que, también según mi opinión, facilitan la tarea de entender el complejo mundo del fútbol alemán.

Con ese mismo criterio elegí a Uli Hoeneβ para ser el protagonista de esta parte del viaje. No hay forma de explicar la Bundesliga sin entender el fenómeno del FC Bayern y éste no puede explicarse obviando el trabajo que hizo una de las caras más polémicas del fútbol alemán.

Los goles Gerd Müller o los títulos del equipo de Cramer han hecho grande al FC Bayern dentro de la cancha. Pero para probar mi tesis de por qué este club domina el fútbol alemán, le tengo que contar todo lo que hizo un tipo, luego de su carrera de futbolista. Un hombre que piensa diferente al resto y cuya visión ha puesto algo de distancia entre el club bávaro y sus rivales.

Su etapa de jugador en el club y en la selección alemana estuvo signada por los éxitos deportivos. Fue parte de aquel Bayern de finales de los setenta que ganó tres veces consecutivas la Copa de Europa. Formaba, junto a Gerd Müller, la delantera más peligrosa de Europa. En palabras del mismísimo Franz Beckenbauer: "No había mejor combinación que la de Müller y Hoeneβ". En aquella recordada final de la Copa de Europa ante el Atlético Madrid, el Bayern ganó 4 a 0 en el partido desempate, con dos goles y una decisiva actuación de Uli.

Y fue en esa misma década en la que, anteriormente, había ganado la Eurocopa de 1972 y el Mundial de Fútbol de 1974 (fue quien le cometió la falta a Cruyff, que derivó en el famoso penal, a poco de comenzar la final).

Pero su etapa con pantalones cortos sería relativamente breve debido a una lesión en la rodilla sufrida en la final de la Copa de Europa de 1975. Su carrera terminaría unos años más tarde, cuando jugaría una temporada en el 1. FC Nürnberg, sin mayor éxito.

Tras colgar los botines, a los 26 años, sería requerido nuevamente por su amado FC Bayern, pero esta vez para transformarse en el mánager del club. Esto ocurriría en 1979, y aquí comenzaría la historia que motivó esta etapa de nuestro viaje.

DE ALEMANIA AL MUNDO

El 1 de mayo se celebra el día del trabajador en todo el mundo, y en Baviera es aquella jornada en la que se renueva el Maibaum [árbol de mayo], que representa a las profesiones de cada pueblo. Ese día del trabajador, de 1979, sería el primero de Uli en su nueva oficina.

Su trabajo fue variado y su crecimiento meteórico. Tras cuarenta años como miembro del consejo directivo, dejaría su lugar en 2019. La famosa revista *51*, que el FC Bayern produce para sus seguidores, realizó una extensa entrevista con el hombre que cambió la historia del club. Y el departamento de prensa no dudó en compartirla con nosotros tan pronto como supieron que estábamos trabajando en esta obra. Gracias a eso, podemos conocer su trabajo contado en primera persona.

"En aquel momento, el Bayern tenía alrededor de 20 empleados y una facturación de 12 millones de marcos alemanes (6 millones de euros)", recuerda Hoeneβ sobre sus comienzos. En aquel momento, el *marketing* y el fútbol alemán eran dos conceptos que no confluían.

Los clubes de fútbol no obtenían beneficios por la venta de artículos a los hinchas. "Tal vez una bufanda o una postal para pegar en un sobre", cuenta el mánager más joven de la historia del Bayern.

Uno de los primeros viajes internacionales de Hoeneβ en su nuevo cargo fue a... Kuwait. Allí pretendió organizar un partido amistoso, cosa que parecía una locura total. Los trabajos de pretemporada se hacían en las montañas, en el sur de Alemania o Austria. Pero a nadie se le ocurriría viajar

tan lejos con un plantel de fútbol si no era por una competencia internacional.

Hoy en día es normal que equipos como Dortmund, Schalke, Eintracht Frankfurt o Bayer Leverkusen paseen sus planteles por los Estados Unidos o Asia. Pero en aquel momento no lo era, ni tampoco había internet o redes sociales, por lo que no había forma de que un potencial hincha de un club alemán, en otra parte del mundo, tuviera el más mínimo contacto con la institución.

Su línea de trabajo era agresiva y esto mereció algunas críticas sobre la forma en que se manejaba con las transferencias. Hoeneβ justifica su política afirmando que: "No recibíamos dinero de televisión en aquellos tiempos y yo quería llevar al Bayern a la cima, tan rápido como pudiera".

Uli tenía una visión del negocio que era disruptiva, y naturalmente que despertaba resistencia de parte de sectores más conservadores. "No me interesaba ganar perjudicando a alguien. Yo quería optimizar el negocio del FC Bayern", cuenta quien luego sería elegido presidente del club.

En su primera temporada al mando, el Bayern ganaría el título de Bundesliga por escaso margen ante el Hamburgo. Hoeneβ trabajaba en la oficina de lunes a viernes y disfrutaba del fútbol sentado en el banco de suplentes cada sábado.

Que el director deportivo se siente en el banco de suplentes durante los partidos hoy es una costumbre habitual en el fútbol alemán. Pero no lo era a principios de los ochenta. "Es fundamental. Sólo al borde del campo de juego puedes oler cómo está el equipo y qué hace falta", revela Uli.

Además de eso, estar cerca del equipo le permitía predicar con el ejemplo, porque necesitaba de los jugadores para cumplir con su cometido. "Hemos hecho un viaje a Tokio a jugar un partido, facturando un millón de marcos alemanes. Un viaje de 48 horas, en el que fui el primero en llegar y el último en bajarme del avión. Si hubiera dejado sólos a los jugadores, habría corrido el riesgo de que me montaran una revolución", recuerda Hoeneβ.

Uno de sus grandes legados para el club fue el fastuoso Allianz Arena, que también fue fruto de las gestiones de Franz Beckenbauer. Sentado en una butaca del estadio, Hoeneβ revela su sentimiento: "Tenía el sueño de que los hinchas del Bayern tuviéramos un estadio así. Me siento como en casa aquí. Quería que tuviéramos un lugar en el que, desde cualquier parte, los hinchas accedieran a una vista privilegiada del campo de juego".

Un hombre predestinado que en 1982 fue el único sobreviviente de una tragedia aérea, cuando dormía en el asiento trasero de una avioneta que se estrelló, provocando la muerte de los otros tres ocupantes.

De esos momentos ha sacado la fuerza para construir éxitos futuros. En la derrota frente al Manchester United en la final de la Champions de 1999, cuando el Bayern ganaba 1 a 0 casi hasta el minuto 90, se forjó el título de 2001 ante el Valencia, con las atajadas de Kahn.

Años más tarde, viviría tal vez el momento más duro como dirigente del Bayern, por lo cerca que estuvo la gloria. En 2012, la final de la Champions se jugaba en Múnich y el Bayern llegaba hasta ahí. El partido lo empezaría ganando el local con un gol de Thomas Müller. La fiesta estaba preparada.

Pero llegaría el empate de Drogba, tras un córner, para un Chelsea que no tenía argumentos futbolísticos para derrotar al Bayern. En los penales, Schweinsteiger estrellaría la pelota en el palo y sería el propio Drogba el encargado de sentenciar a los bávaros.

Hoeneβ lo vivió en la tribuna y su cara no podía ocultar la frustración. "Chelsea es un club grande, pero hasta el día de hoy viven de ese partido", manifiesta con algo de rencor. En esa derrota, sin embargo, estaba el germen de lo que sería el triplete del año siguiente, en Wembley, nada menos que ante el Dortmund de Jürgen Klopp.

LA CAÍDA MÁS DURA

"Encontrar la fuerza en esas situaciones difíciles, para transformarlas en éxito, es parte del ADN que expresa el lema del club, Mia san Mia", señalaba el conductor de la institución.

Y él debía poner eso a prueba porque, en 2014, a poco de haber contratado a Pep Guardiola como entrenador, fue sentenciado a tres años y medio de prisión por evasión de impuestos.

Antes de cumplir su condena, dejó su puesto en el consejo directivo del club llorando, y le dijo a los socios: "Esto no se ha terminado". Mucha gente en Baviera bromeaba diciendo que Hoeneß fundaría un club en prisión.

"Fue el error más grande de mi vida", reconoció más tarde. El propio Rummenigge respira hondo cuando recuerda la cara de su compañero la primera vez que lo visitó en la prisión de Landsberg. Los socios del Bayern le escribían cartas que, confiesa él, "Me hacían llorar como a un niño".

Saldría antes de lo previsto, y a fines de 2016 reasumiría su cargo como presidente del club. En la reunión de socios, los hinchas del Bayern lo recibieron cantando: "Uli Hoeneß, du bist der beste Mann [Eres el mejor hombre]".

La última frase de su discurso de regreso fue: "Les digo hoy que no los volveré a defraudar". Mucha gente en Alemania se había sentido así porque una gran figura como Hoeneß había cometido un delito que no sólo está penado por la ley, sino por la sociedad. Pero, para el socio del Bayern, pesaba mucho más todo lo que les había dado, como jugador y como directivo, desde aquel 1979, cuando asumió el cargo de mánager con apenas 27 años de edad.

"Aprender haciendo no es una mala idea. Especialmente cuando comienzas a hacer algo para lo que no hay ningún manual de procedimientos escrito", revela el exmandamás del Bayern.

Para llegar al éxito, como piensa Uli, hay que estar dispuesto a cometer errores. Muchas veces se toman decisiones por intuición y esta puede estar equivocada. "He cometido errores, sin duda. Lo que nunca hice fue cometer el mismo error dos veces", reconoce.

Otra de las claves de su filosofía, como contábamos en un ejemplo anterior, es la de estar cerca de los jugadores. "Me siento como un padre para ellos. Espero mucho de su rendimiento, pero soy el primero en estar cuando tienen un problema", confiesa el exlíder del Bayern.

En esa tarea de ayudar, alguna vez tuvo que salir de su cama a las 2 de la mañana para ir a buscar a un jugador que había tenido un accidente de tránsito. En otras varias ocasiones, jugadores el Bayern en problemas han vivido en su casa o en el departamento que tiene en el centro de Múnich.

En un campo de entrenamiento, en Dubai, fue el psicólogo nocturno de Sebastian Deisler durante toda una semana de trabajos en el parón de invierno.

Esa forma de ser lo transformó en un líder especial. Claro que tiene mucha gente en contra, aunque Hoeneβ asegura que su trabajo no fue el de arruinar la liga comprando jugadores a todos los rivales. Por el contrario, recuerda las muchas veces que ha salvado a otros equipos organizando juegos de caridad o incluso prestando dinero al mismísimo Borussia Dortmund, cuando los del Ruhr estuvieron cerca de la bancarrota.

SALIR A COMPRAR

Más allá de la caridad con sus rivales, es cierto que parte de su trabajo fue que el Bayern pudiera comprar siempre a los mejores jugadores, y que Hoeneβ es conocido por su manera excéntrica de negociar con otros clubes y repre-

sentantes. Entre mil anécdotas, hay dos que recuerda particularmente, porque parecen sacadas de una novela, si las pensamos en el contexto actual.

La primera fue la incorporación del paraguayo Roque Santa Cruz. Hoeneβ y Rummenigge llevaban adelante la negociación y le ofrecían al goleador un contrato por 10 millones de marcos alemanes. Pero resulta que Roque quería cobrar en dólares. Los jefes del Bayern se levantaron de la sala y pidieron un taxi.

Santa Cruz y su representante los fueron a buscar para que regresaran a la mesa de negociaciones. Cuando volvieron a entrar al hotel, había 30 o 40 medios con cámaras esperando para tener la imagen del acuerdo. "Fue un caos total", recuerda Hoeneβ.

Y la otra transferencia que viene a la mente de Uli es la de Adolfo *el Tren* Valencia. Los directivos del Bayern habían viajado a Madrid y no tenían más que 24 horas para cerrar el trato. Pero el acuerdo se demoraba y debieron tomar el vuelo de regreso a Múnich.

El entorno de Valencia quería cerrar el pase y tuvieron la idea de volar con los directivos del Bayern. Seis personas se embarcaron con ellos hacia la capital de Baviera y se instalaron en la casa de Uli Hoeneβ, en el barrio de Ottobrunn. Allí continuaron las charlas que terminarían de concretar el traspaso luego de tres días de conversaciones, durmiendo y comiendo en la morada del dirigente.

Sólo algunos detalles que sirven para entender cómo se manejaban las cosas hace algunos años. No en todos lados, pero al menos así era para el líder del Bayern. Incluso el propio Roque Santa Cruz estuvo viviendo en casa de Uli por un buen tiempo.

"Roque era un chico joven que tenía que vivir sólo en un ambiente muy distinto al suyo", recuerda sobre sus comienzos. Hoy el club tiene para esa misión a un chico que habla seis idiomas y que se encarga de cada capricho y problemas de los jugadores internacionales. En aquel tiempo, en cambio, no estaban tan organizados y Hoeneβ también tenía que hacer de 'amigo'.

Pero no todas le salieron bien. Entre las que se lamenta, recuerda inmediatamente el caso de Ruud Gullit, cuando el holandés era uno de los mejores delanteros del mundo.

Hoeneβ y Beckenbauer volaron juntos a Milán y llegaron temprano al departamento del 10. Allí los recibió un mayordomo. Esto llamó la atención del presidente del Bayern: "¡Sí, tenía un mayordomo!"

Los invitaron a tomar café y la charla fue muy amena. El acuerdo se cerró rápido y convinieron que Gullit viajara cuanto antes a hacerse las pruebas médicas en Múnich. Las aprobó con éxito y pasó la noche, como no podía ser de otra manera, en la casa de Hoeneβ.

Al otro día, le dijo a su nuevo jefe que tenía que viajar urgente a Milán para hablar con su pareja. Por la tarde, sonó el teléfono en la oficina del Bayern con la noticia de que Gullit cancelaba el acuerdo. "Es el día de hoy que no se por qué lo hizo", se lamenta el directivo.

El fichaje de Guardiola también fue una anécdota en sí misma porque se anunció, como recordará, más de seis meses antes de que el técnico catalán asumiera su cargo en Múnich. En ese tiempo, Jupp Heynckes, entrenador del club, se puso celoso, según revela Hoeneβ. "Quería demostrarnos que éramos unos idiotas por haberlo fichado. Empezó a ser distante conmigo, pero me encantaba ver la forma en que trataba a los jugadores y cómo estos lo seguían", recuerda.

Al final, el Bayern terminó sacando provecho de esta actitud de Heynckes. El equipo empezó a jugar un fútbol superlativo y obtuvieron así el primer triplete de la historia del club. De esa forma, Jupp se iba a su casa demostrando su punto y Hoeneβ siendo el hombre más feliz de la tierra por lo que habían logrado.

Podríamos escribir un libro completo con sus anécdotas, porque 40 años trabajando en el consejo directivo de uno de los clubes más grandes del mundo dan para todo.

SU LEGADO EN EL BAYERN

Como el propio protagonista revelaba a finales de los años 70, el Bayern era un club, con poco más de 20 empleados, que facturaba lo que hoy equivaldría a 6 millones de euros por año.

Era el Bayern que venía de ganarlo todo, pero las finanzas estaban al rojo, siendo que tenía una pesada carga de deuda. Además, jugadores como el propio Uli, Gerd Müller, Beckenbauer o Sepp Meier estaban en retirada.

Fueron a buscar al joven Hoeneβ para que utilizara su incipiente habilidad para los negocios y los salvara. Había un antecedente, ya que en 1978, aún siendo jugador del club, había movido sus influencias para conseguir a Deutz como auspiciante para la camiseta del club.

Deportivamente, las Copas de Europa estaban lejos. Hacía cinco años que el Bayern no ganaba la liga y ocho la Copa de Alemania. Hoeneβ armó un equipo alrededor de dos jugadores clave: Paul Breitner y Karl-Heinz Rummenigge. Esa fórmula le reportó, inmediatamente, dos títulos de Bundesliga en los dos primeros años.

En sus 40 años dirigiendo al club, Uli cuenta en su haber con 22 títulos de Bundesliga, 13 Copas de Alemania y 2 Champions League. La facturación del club fue creciendo año a año porque Hoeneβ no sólo compraba jugadores, sino que encontraba fuentes de ingresos que aún no estaban exploradas.

Con él, el Bayern fue el pionero en la producción y venta de productos con el logo del club, así como la adquisición de todo tipo de auspiciantes. Hoy no sólo el Bayern tiene una gran cantidad de ellos, sino que marcas como Allianz, Adidas o Audi son accionistas de la empresa Bayern AG.

El Allianz arena, como dijimos, fue otro de los sucesos de Hoeneβ. La empresa Bayern AG había sido creada en 2002, y Karl-Heinz Rummenigge ya estaba al mando de ella. Tres años después, se embarcaron en una inversión de 340 millones de euros que se repagaría en 25 años. Pero el negocio fue tan bueno que, en menos de una década, el Bayern había recuperado cada centavo.

Al momento de dar un paso al costado, Hoeneβ había transformado aquel club de 20 empleados, baja facturación y muchas deudas en un monstruo que emplea a más de mil familias y que reportó, en el último ejercicio en el que Uli estuvo al mando, una facturación de 750.400.000 de euros.

Esa enorme cantidad de dinero la obtiene, principalmente, por las marcas internacionales que apoyan al club. Por este rubro reúne casi 200 millones de euros. Los derechos de televisión le reportan casi 125 millones, mientras que la recaudación del estadio asciende a 180. Además, el Bayern obtiene una buena cantidad en premios de la UEFA, que en la última temporada de Hoeneβ fueron otros 90 millones.

HOENEβ SEGÚN EL FÚTBOL ALEMÁN

A cualquier protagonista que le pregunte por su figura, le responderá con palabras grandilocuentes sobre su tarea. "Transformó al Bayern en una marca mundial", dice Heynckes. "Todos hemos aprendido muchísimo de él", reconoce

Rummenigge. "Lo que ha hecho es único", señala Günter Netzer. Y así podríamos seguir.

Sus comienzos fueron humildes porque era el hijo de un carnicero de Ulm. Debió trabajar desde muy chico antes de empezar su brillante carrera como futbolista. Hoy es dueño de un frigorífico en Nürnberg, que dejó a cargo de su hijo. "Tiene una energía increíble para encarar cosas nuevas. Es un optimista por naturaleza", continúa Jupp Heynckes.

Lars Lunde es un goleador danés que llegó al Bayern en 1986. En Alemania es recordado por haber sufrido un brutal accidente con su auto y por haber pasado muchos días en coma. El recuerda hoy cómo lo trató Uli Hoeneβ: "Las primeras tres semanas fuera del hospital las pasé en su casa. Tengo hoy la sensación de que, si algún día tengo un problema, puedo pedirle ayuda".

Unos años antes, Sepp Meier había tenido la misma experiencia. En julio de 1979, el arquero campeón del mundo sufrió un accidente que casi le cuesta la vida. Aquel hecho terminaría marcando el final de su exitosa carrera deportiva.

Estuvo al borde de la muerte en las primeras horas y fue la cara de Hoeneβ la primera que vio. Juntos habían librado muchas batallas, tanto en el Bayern como en la selección alemana, y ahora Uli se estaba estrenando como mánager del club. Y no dejó sólo a su amigo en el momento más duro de su carrera.

Thomas Müller lo conoce como pocos porque hizo toda su carrera en el club. "No sé si felicitarlo por lo que ha hecho, o si ponerme triste porque no estará más con nosotros", reveló el delantero en un documental de televisión cuando el dirigente dio un paso al costado.

"El Bayern nunca encontrará a otro como él. Pero ojalá que ahora pueda disfrutar también de su vida", confesaba Rummenigge, con quien compartió la mitad de ella.

Sepp Meier le dejó un consejo más personal porque lo conoce muy bien: "Vigila siempre tu presión arterial". Es que las broncas de Hoeneβ, despotricando en los medios o en las juntas de socios, son un clásico. "Se le pone toda la cabeza roja", cuenta Meier con una sonrisa.

"El Bayern no sería lo que es, si no hubieras existido". Esta frase se la dedicó Franz Beckenbauer. Y creo que esta sentencia sirve para cerrar este capítulo de nuestro viaje porque pinta de cuerpo entero lo que es este club y su mentor más famoso.

Ahora, si me acompaña, quiero llevarlo por un viaje por mi historia con la Bundesliga para compartir algunas experiencias que recogimos en la ruta, siguiendo a esta liga tan particular.

CAPÍTULO 11

AUF DER SPUR DER BUNDESLIGA [SIGUIENDO LA HUELLA DE LA BUNDESLIGA]

"¿Cómo puede ser que te encuentre en todos lados? Apuesto que conoces más rincones de Alemania que yo".

Thomas Tuchel, exentrenador del 1. FSV Mainz 05 y el Borussia Dortmund.

Como le contaba al principio, si bien vivo en Alemania hace una década, a partir de 2015 empecé a conocerla en profundidad cuando me encomendaron seguir la huella de la Bundesliga.

Alemania es un país muy federal en el que, a diferencia de casi todos los demás en Europa, su capital no es la ciudad más importante y no hay, de hecho, una urbe que se desta-que por sobre las demás.

Múnich representa el poder de los campesinos del sur y la industria, Stuttgart es la cuna de la ingeniería que mueve al mundo, Frankfurt es la capital financiera de Alemania, Colonia es el centro de medios de comunicación del país, en Leverkusen y Düsseldorf está todo el poder de la industria farmacéutica y en Hamburgo el puerto de salida de los productos alemanes para el mundo. Berlín es la capital, con una importancia más simbólica y política por ser la sede del gobierno.

Por tanto, cubrir la Bundesliga significa moverse por todo el país, ya que en cada rincón hay un equipo con miles de hinchas y mucha historia. Esa es otra faceta de la rica variedad de la liga alemana.

Si bien en un principio viví en Colonia, en el oeste del país, desde 2014 me mudé con mi familia a una pequeña ciudad, llamada Landshut, ubicada en Baja Baviera, a pocos kilómetros del Allianz Arena.

Esta ubicación nos permitía llegar en media hora a la cancha del Bayern, pero nos obligaba a viajar casi 400 kilómetros para ver al Eintracht, 650 para ir a la casa del Dortmund y casi 800 para llegar a Hamburgo.

Así, durante mucho tiempo, recorrimos unos 60.000 kilómetros por toda la geografía de este rico país bajo todos los climas que se pueda imaginar.

HISTORIAS PARA COMPARTIR

Después de un recorrido tan ajetreado, en el que hemos conocido a leyendas históricas y actuales de la Bundesliga, interactuado con hinchas de todos los colores y visitado los estadios más importantes del país, se han generado muchísimas historias que me gustaría compartir.

Parte de las cosas que nos han pasado tienen que ver con el hecho de que somos el único equipo de producción extranjero que sigue a la Bundesliga por todo el país. Todos los demás son alemanes.

Por tanto, muchas veces los hinchas se nos acercan espontáneamente para ver quién es ese morocho, mucho más bajito que ellos, que habla en un idioma raro y a los gritos. Mucha gente nos pregunta qué hacemos en Alemania y qué le importa a un colombiano o a un mexicano qué es el FC Schalke 04, por ejemplo.

Esta particularidad nos da el beneficio de que muchos alemanes estén abiertos a hablar con nosotros, siendo que normalmente huyen a las cámaras, tal vez como un resabio de los años en los que el Estado y los medios los controlaban celosamente. "¿En dónde sale esto?", preguntan. "Estamos en vivo para Latinoamérica", respondemos. Y ahí se rompe el hielo, porque nuestra región les suena tan lejana que se pierden las inhibiciones.

Parado frente a la cámara, reportando en vivo para Latinoamérica e incluso para los Estados Unidos, he lidiado con hinchas alegres, enojados, borrachos, revoltosos y hasta cariñosos, porque no falta quien te quiera dar un beso en cámara.

En una oportunidad, le pedimos a los hinchas del Dortmund que respondieran preguntas de nuestra audiencia, nombrando a la persona que había enviado la pregunta. Un trío de hinchas muy divertidos, que ya traían unas cuantas cervezas en el tanque, estuvieron diez minutos para decir: "Hola, Ana María". Vale aclarar que 'María', para un alemán, suena rarísimo y se pronunciaría como "Maguía". Asimismo, en lugar de 'Ferrari' dicen "Fegagui".

Esto no es para burlarse de ellos ni mucho menos. Tienen el paladar formado para poner la lengua de otra manera. Si le parece gracioso, lo desafío a pronunciar Borussia Mönchengladbach, que suena como 'Borussia Moenjengladbaj'. Ahora beba tres cervezas y trate de decirlo de corrido, en medio de una frase. ¡Imposible!

SCHALKER POR UN DÍA

Antes de un partido, pedimos permiso al Schalke para vivir una previa con los hinchas y saber cuál es la rutina que siguen antes de ir al estadio. Cabe aclarar que cada equipo tiene sus propios rituales, dependiendo de la historia y de la ciudad, pero en Gelsenkirchen se vive una liturgia muy particular.

Varias horas antes del partido llegamos a la Schalker Meile, en la parte norte del barrio del que los mineros tomaron su nombre. El equipo es de Gelsenkirchen, pero específicamente del barrio Gelsenkirchen-Schalke.

Allí nos vamos a encontrar un gran mural pintado al costado de una autopista con los colores y las letras del equipo local. Frente a él está el viejo estadio, que fue construido en 1927, en la época de oro del equipo de azul real.

Conocido como Glückaufkampfbahn, tiene un significado muy especial para los hinchas. 'Glück auf' es una expresión para desear suerte, y es lo que le decían a cada minero que bajaba a su lugar de trabajo porque no sabían si iba a regresar de allí. 'Kampfbahn' es algo así como una arena o un estadio.

Junto a esta vieja estructura, que aún puede visitarse, se encuentra el bar llamado Bosch. En la década del 70, los jugadores se juntaban a beber cerveza allí luego de los entrenamientos. Otros tiempos...

Hoy es una *Kneipe* o cantina muy popular entre los hinchas en la previa de los partidos. Allí nos reunimos con ellos a beber cerveza Pils, de la misma marca que le da el nombre al estadio actual, y a comer *Bratwürste*, las salchichas asadas de las que le hablaba en capítulos anteriores.

Dentro del bar suenan canciones típicas de los mineros y muchas de las que los hinchas cantan durante el partido. La rutina se interrumpe en el horario exacto en el que el bus del equipo pasa por la avenida Ernst Kuzorra (una gloria del Schalke), para darles el primer saludo a sus ídolos.

Esa tarde jugaban frente al FC Bayern y dentro de la cantina había hinchas del club bávaro. Pregunté a los fans si cualquiera podía entrar ahí sin que a ellos les molestara. La respuesta fue la que esperaba: "Cualquiera, menos los amarillos". De hecho, sobre la misma avenida, un edificio fue pintado de amarillo, porque el dueño pensó que quedaba lindo. Ahora el frente sigue teniendo el color del Borussia Dortmund, pero mezclado con manchas de pintura azul que los hinchas del Schalke le arrojaron por todo el frente.

Después de beber unas dos o tres cervezas de medio litro cada una y con algunas salchichas para hacer base, nos trasladamos con toda una marea azul a tomar el U11, el metro que nos llevaría al estadio. Si bien el servicio se incrementa por el día de partido, no cabía un alfiler.

El viaje fue corto (por suerte), y después de cruzar un puente por sobre la avenida que pasa por la puerta del estadio, nos encontramos con el imponente Veltins Arena. Allí nos despedimos de los hinchas porque teníamos que ir a la sala de prensa.

Antes del Tschuss [chau], les preguntamos qué harían en ese momento, ya que aún faltaban unos cuantos minutos para el comienzo del partido. "Beber cerveza con amigos", respondieron todos. Ahí sentí que había hecho la pregunta más tonta del mundo y los despedí.

EL TREN DE LA ALEGRÍA

Hay una experiencia que mi camarógrafo y yo jamás olvidaremos. Él es alemán, hincha del Colonia y vive en la región de Westfalia. Pero lo que experimentamos durante 8

horas con mil hinchas del Borussia Dortmund, hasta a los alemanes les sorprende cuando lo cuento.

Ocurre que el departamento de hinchas del club (le decía antes que todos tienen el suyo) renta un tren especial, que en alemán se llama Sonderzug, para viajar a partidos destacados. Entre ellos puede estar una final de Copa Alemana en Berlín, algún juego de Champions o el infaltable viaje a Múnich para der Klassiker.

Hace unos años fuimos invitados a hacer ese viaje con ellos, por lo que me fui en auto hasta Dortmund, lo dejé en la estación y estaba listo con mi camarógrafo a las 8 de la mañana para tomar el dichoso tren. El partido se juega normalmente a las 18:30, por lo que había suficiente tiempo para viajar y divertirse.

Minutos antes de la hora señalada, una marea amarilla y negra nos rodeaba. Gente por todos lados y casi todos con un cajón de cervezas (de unas 30 botellas cada uno). Nosotros estábamos aún tomando el café de la mañana...

El viaje dura unas 8 horas, ya que no se trata de un tren de alta velocidad. Incluso frena para dejar pasar a formaciones más 'serias', que hacen sus viajes programados.

Empezamos a caminar por los camarotes y encontramos que cada club de fans iba poniendo sus banderas en las ventanas, pancartas y todo lo que tuviera los colores amarillo y negro. A las dos horas de viaje había olor a cerveza hasta en el baño.

Miembros del equipo del departamento de hinchas pasaba repartiendo las entradas para todos. Ahí aproveché para averiguar los precios. El *ticket* para el estadio costaba 35 euros y todo el paquete se vendía por 100. Esto incluye pasaje de ida y vuelta. ¿Hotel? El tren... Nadie quiere quedarse en Múnich, así que ni bien termina el partido se embarcan en otro viaje de ocho horas, de regreso, en el que duermen cada cerveza que se tomaron a la ida.

Seguimos adelante y descubrimos el *Sambawagen* [coche de baile]. Un vagón completo está acondicionado como un bar, con un *disc-jockey* que musicaliza las 8 horas de viaje, mezclando los temas más populares de la región y los *hits* del estadio. Allí hay una barra en la que se vende cerveza y *pretzels*, y decenas de hinchas saltando y golpeando el techo con sus palmas. El tren avanza, pero también se sacude al ritmo de la música.

Llegando a Múnich, muchos de los miembros del departamento de hinchas habían bebido tanta cerveza que estaban dormidos. Otros seguían cantando. Nosotros, grabando todo con la cámara y en nuestras retinas.

Ya en la estación, me empezó a preocupar ver por la ventana una gran cantidad de camisetas rojas que nos estaban esperando. Recordé algunos clásicos entre River y Boca, en los que me había cruzado con hinchas del otro equipo y el momento no había sido muy agradable que digamos.

Y se abrieron las puertas. Dejamos bajar a todos los hinchas y le dije al camarógrafo: "Si se van a matar, nosotros miremos todo desde acá adentro". Para colmo, todas las camisetas amarillas se juntaron en el andén y gritaron: "Der Dortmund ist hier" [Acá está el Dortmund].

Pero los hinchas del Bayern se limitaron a mirarlos con respeto y hacer un pasillo para que todos salieran rumbo al estadio. Si el fútbol alemán me sorprendía habitualmente, ese día no iba a ser la excepción. Y batimos un récord: fuimos los únicos, entre mil, que no bebimos ni una cerveza...

NUNCA CAMINARÁN SOLOS

Regresando a Dortmund, voy a recordar otra historia que aún hoy, mientras escribo, me vuelve a poner la piel de ga-

llina. Fue un 13 de marzo de 2016, y el equipo local recibía al Mainz. Hasta aquí, todo normal.

El estadio estaba repleto, como de costumbre, incluso con mucha gente del equipo visitante. De repente, promediando la primera mitad, la famosa pared amarilla dejó de cantar. Esto sólo ocurre cuando hay alguna protesta, porque los hinchas saben que son la sal del espectáculo y se quejan a la federación 'negándole' la atmósfera del partido por algunos minutos.

Pero el ambiente no regresaba y, lo que era más extraño, la gente de Mainz también se había llamado a silencio. Incluso hay veces que si una hinchada protesta, la otra se une en solidaridad. Podía ser eso, pero el clima estaba muy enrarecido.

En el entretiempo, hablando con la gente del club, nos enteramos de que dos hinchas del BVB, en dos puntos distintos del estadio, habían sufrido un infarto durante el partido. Ambos fueron llevados al hospital. El mayor de ellos, de 79 años de edad, falleció en el camino. El otro, de 55, pudo ser reanimado un tiempo más tarde.

Todo el estadio lo sabía, y así transcurrió el segundo tiempo. El BVB ganaba con un gol de Reus en la primera mitad. En el minuto 73, Kagawa metió el segundo y definitivo. El estadio seguía impávido, como si fuera un gran funeral.

Cuando terminó el partido, cumplimos con la rutina de esperar a los jugadores en la zona *flash* para hacer las entrevistas en vivo. Recuerdo que vino el colombiano Adrián Ramos y me preguntó si sabía qué estaba pasando. Se lo dije...

Así se fueron enterando todos los jugadores y el plantel completo decidió salir nuevamente al campo de juego. Hacía un rato largo que el partido había terminado, pero la pared amarilla seguía llena.

Todo el equipo se unió en un abrazo, mirando a los hinchas, y juntos empezaron a cantar *You´ll never walk alone*. El clásico tema que Pure Harmony entonó en Dortmund una vez y el club adoptó como su grito de guerra, se transformó en un homenaje a sus hermanos caídos.

Tal como indica su título, la familia del Dortmund le quería decir a sus compañeros caídos que, mientras el estadio estuviera lleno, ellos, en donde quiera que se encontraran (aún no se sabía que el segundo hincha había sido reanimado) nunca caminarían sólos.

Nosotros observamos todo en silencio y nos olvidamos de las entrevistas. Algo trágico, y a la vez emocionante, había sucedido. Y aquella vez, como ahora, se me puso la piel de gallina.

NADIE LES VA A HACER NADA

Otro momento inolvidable lo vivimos en una fría tarde en Hannover. El equipo local tiene una linda tradición, como muchos otros clubes de la Bundesliga. Una banda de *rock* se mete en la tribuna a tocar el himno del club antes de los partidos.

Se trata de una pareja de novios, en la que Anca toca la guitarra y Ossy es el cantante. Ambos entonan uno de los himnos más pegadizos de la Bundesliga, llamado "*Niemals alein*" [Nunca sólo].

Como parte de una producción, para conocerlos y saber su historia, hicimos una entrevista con ellos en el campo de juego una hora antes del partido.

Ossy parece salido de una banda de *rock* duro de los años 80 y Anca viste siempre una campera de cuero negra, que resalta su pelo teñido de un rojo propio de una camiseta del Hannover 96.

Parte de la producción incluía entrar con ellos a la tribuna para mostrarlos cantando en medio de los hinchas. Meter-

se en una grada llena de ultras no es algo que nunca hubiéramos hecho, pero entrar con una cámara era algo bien distinto.

Por lo que le contaba en capítulos anteriores, los hinchas no quieren que nadie los apunte con una cámara. Incluso, podríamos ser percibidos como policías encubiertos...

Faltaban quince minutos para el pitazo inicial y Ossy nos dijo: "Vamos". En ese momento, empecé a mirar las caras, y todos tenían los ojos puestos en el camarógrafo.

Ossy abrió una puertita que nos daba acceso a una de las cabeceras y, al ver nuestras dudas, nos manifestó: "Vengan tranquilos. Están conmigo y nadie les va a hacer nada". Y bueno, cada uno le rezó a su santo y empezamos a subir.

Anca subía con su guitarra en mano y les iba diciendo a todos: "Ellos son nuestros amigos". La gente les creyó y nos empezó a saludar cálidamente. Obviamente que el requisito no expreso era intentar evitar primeros planos de las caras de los hinchas.

Y así empezó a sonar el himno del Hannover 96, cuya melodía es muy pegadiza. El estribillo dice exactamente: "96, viejo amor. El rojo te queda mejor que el azul y amarillo (que identifican a un vecino, el Eintracht Braunschweig). Deja que otros hablen del Bayern o del Bremen. Yo estoy siempre contigo, 96 HSV (Hannover Sport-Verein, o club deportivo Hannover)".

Ossy es un *rocker* tradicional e hizo todos los gestos y caras para la cámara. Anca parecía Jimmy Hendrix en Woodstock. Y todos los hinchas cantaban a viva voz, sosteniendo sus bufandas en alto.

Una experiencia que se la voy a contar a mis nietos. Sin dudas...

ENTRANDO AL TEMPLO

Desde que se implementó en todo el mundo, el VAR (Video Assistant Referee), ha despertado polémicas y curiosidad en todas partes. La Bundesliga fue una de las ligas pioneras en su adopción y, para ello, se prepararon durante un año completo.

En este tiempo se entrenó a los árbitros, jugadores e, inclusive, a nosotros, como parte de los medios que cubrimos la liga alemana. Tuve la posibilidad de participar de un seminario que nos dio el experimentado árbitro de la DFB, Marco Fritz.

Desde ese momento, entendí perfectamente cuáles eran los lineamientos y pude percibir la diferencia con colegas de otras partes del mundo, que no habían recibido ese adiestramiento. Los alemanes lo hicieron claro y práctico y se prepararon para ello. Así hacen las cosas, y por eso, más allá de alguna discusión puntual, el VAR ha funcionado en Alemania como casi en ninguna otra parte del mundo.

La oficina de asistencia para los árbitros se encuentra en Colonia, en el mismo edificio desde donde las imágenes de la Bundesliga se transmiten a todo el mundo. Ante mis reiterados pedidos, un día me llamó la DFL para darme la grata noticia de que nos invitaban a ver y grabar todo lo que ocurre en este templo sagrado durante una fecha de fútbol alemán.

Seis estaciones instaladas con un control central para monitorear el funcionamiento de cada una. Tres personas en cada estación, siendo que una es el árbitro principal del VAR, otra su asistente y la tercera su operador de video.

Mientras el camarógrafo grababa todo, yo podía escuchar lo que ocurría en cada partido, así como hacen los jueces del VAR. Tuve acceso al micrófono del árbitro, y hasta podía reconocer lo que comentaban los jugadores. Nunca en mi vida había vivido 90 minutos de fútbol de manera tan intensa.

Me habían advertido cuáles eran los árbitros que más hablaban y le presté especial atención a esos partidos, porque eran los más jugosos. Los jueces del VAR, en tanto, chequeaban cada una de las jugadas, por si al final de una de estas se producía una situación en la que debieran intervenir.

Un error que le escucho decir a muchos colegas es: "No entiendo por qué no interviene el VAR en esta jugada". Si hubieran estado en donde yo estuve, sabrían que interviene en todo, sin pausa. Lo que sí ocurre es que no hablan con el árbitro en el campo, a menos que sea necesario. Para ello, tienen un gran botón rojo en el tablero.

El operador de video le va 'tirando' al árbitro la mejor imagen generada por una o más de las hasta 24 cámaras instaladas en el estadio en la pantalla principal. Cuando encuentran una situación en la que deben intervenir, según el protocolo del VAR, se comunican con el árbitro y le dicen que les den un momento porque lo están chequeando.

Que el juez no vaya a ver la pantalla no quiere decir que el VAR no lo esté analizando o que no le estén dando información por el auricular. Si la jugada fuera de interpretación, aunque en el VAR tuvieran otra opinión, ni siquiera molestarán al juez porque prevalecerá su criterio.

En una temporada de Bundesliga se chequean, en promedio, unas seis jugadas por encuentro o más de mil setecientas por temporada. De esas, un 70% son lo que en el protocolo se conocen como 'chequeo silencioso'. Es decir, la jugada se discute en la oficina del VAR, pero el árbitro en el campo de juego nunca se entera, dado que se juzga que no ha cometido un error. Un 24% de las veces, en cambio, se le comunica al árbitro que la jugada se está chequeando, por un posible error u omisión. Y apenas el 6% de las veces se modifica la decisión del juez desde la oficina del VAR.

En una de las ocasiones en las que se le comunica al juez que se está revisando la acción, puede darse el caso de que sea necesario que el propio árbitro la repase en la pantalla ubicada en el campo de juego. Ahí es cuando todos se enteran de que el VAR intervino, pero esto ocurre, como vimos, en un mínimo porcentaje de todas las veces en las que esta herramienta actúa.

Todas estas cosas las aprendí esa tarde en Colonia, y le confieso que, tras 90 minutos de adrenalina, terminé tan cansado como si hubiera jugado alguno de los partidos. Una hora y media con voces en mi cabeza, reclamos, insultos, gritos... ¡Impresionante!

Una de las lindas experiencias que me permitió vivir la DFL, y que provocaron que, si tras la charla con Marco Fritz me hubiera convencido de los beneficios de la aplicación del VAR, después de esta visita me transformé en un fundamentalista radicalizado por la causa.

La tecnología ha hecho el fútbol más justo y pude comprobarlo durante 90 minutos frenéticos...

CUANDO TU ÍDOLO ES TU AMIGO

Finalizando este capítulo, y ya preparándonos para lo que será la última estación de nuestro viaje al corazón del fútbol alemán, quiero contarle algo que el destino me tenía preparado y que se dio por casualidad.

Terminando la temporada 2015/2016 la DFL me ofreció la posibilidad de hacer una entrevista mano a mano con Lothar Matthäus. Se pueden imaginar mi emoción, porque soy de la generación que lo vio brillar en el Inter y el Bayern y que lo sufrió, como argentino, en el Mundial de Italia.

Para dicho acontecimiento, tuvimos que viajar algo más de dos horas hasta las montañas austríacas, en donde Lothar se encontraba de vacaciones con su familia.

Me encontré con un tipo muy simpático, conocedor del fútbol de todo el mundo y muy ávido de conocer nuestra opinión sobre la Bundesliga, siendo que venimos de tan lejos. La charla duró más de una hora y los detalles de las palabras de Lothar voy a compartirlos en el próximo capítulo de esta obra. Ahora quiero contarle todo lo que ocurrió a partir de este primer encuentro.

Al final de la entrevista, Lothar nos presentó a su familia y les dijo que veníamos del mismo país que uno de sus ídolos: Diego Armando Maradona. Pero todo quedaría allí, hasta la temporada siguiente.

Meses más tarde, en Mönchengladbach, me encontraba haciendo un informe en vivo para la cadena en la que trabajaba cuando, detrás de la luz de la cámara, veía una sombra que se movía ampulosamente para distraerme.

Cuando desvié la vista, noté que era Matthäus intentando hacerme reír delante de la cámara. Sin pensarlo, lo invité a ponerse frente a ella y aceptó con gusto. No sólo eso, me sacó el micrófono y empezó a hacer un análisis en vivo del partido que acababa de terminar para todo Latinoamérica.

La Bundesliga nos volvería a juntar muchas veces y siempre con la misma tónica. En cuanto Lothar nota que la cámara se encendió, se mete en mi lugar. Él tiene contrato con otra cadena que transmite el fútbol en Alemania, pero sus colegas y productores se quedan mirando lo que hace sin decirle nada.

Tiempo más tarde, volveríamos a encontrarnos en el nuevo campus de juveniles del FC Bayern, cuando el club organizó un torneo de fútbol de leyendas y periodistas para celebrar la apertura del nuevo predio.

Allí pude enfrentar a Giovane Elber, Bixente Lizarazu y... Lothar Matthäus. Me tocó jugar en el equipo de Tobi Schweinsteiger, el hermano de Bastian. A pesar de mis limitaciones técnicas, llegamos a la final y le ganamos al equipo de Lothar, que se encargó de pegarme pataditas imperceptibles cada vez que el balón estaba lejos.

Cuando terminamos el partido, estaba haciendo una nota para la TV del club y ahí apareció el campeón del mundo en Italia 90 para decirle a la cámara: "Este hombre nunca podría jugar para el Bayern. No sabe ni qué pasó. Ganaron porque tenían un buen equipo, pero él no tocó la pelota". No le niego que tenía algo de razón, pero me llevé a casa una copa y una pelota firmada por Uli Hoeneβ.

Al final del partido, todos al vestuario para ducharse antes de la cena. Tengo que reconocer que he estado en algunos camarines y no me voy a sonrojar por ver a un hombre sin ropa. Pero no me pasa todos los días que venga Lothar Matthäus, completamente desnudo, y me empiece a preguntar por el fútbol argentino.

El tiempo fue transformando al ídolo en un amigo. De hecho, la única palabra que dice Lothar en español, cuando nos vemos, es 'amigo'. Me contó que vive en Budapest con su familia y viaja cada semana a Múnich para comentar la Bundesliga.

Es una de las cosas que le voy a agradecer siempre al destino, y a esta profesión. Y una confirmación de algo que hace mucho tiempo descubrí: cuanto más grande y exitoso es un ser humano, más humilde y abierto es. Nadie le pidió a uno de los pocos seres humanos que jugaron cinco mundiales que me dijera amigo. Se le ocurrió a él...

Y así, entonces, vamos terminando esta penúltima parte del viaje. Quería terminarla con Matthäus porque ahora ya sabe en qué contexto se dio aquella larga charla de fútbol. Me dijo tantas cosas interesantes que bien valía darle un espacio en esta obra, porque Lothar conoce el fútbol alemán como muy pocos.

CAPÍTULO 12

DER GROßE KAPITÄN [EL GRAN CAPITÁN]

"Si los jugadores jóvenes vieran jugar al Lothar que yo vi, hoy en día, difícilmente creerían lo que ven sus ojos".

Jupp Heynckes, entrenador de Lothar en el Gladbach.

La historia que voy a compartir en el final se remonta a mayo de 2016, cuando habíamos terminado de cubrir nuestra primera temporada de Bundesliga. La oportunidad de conocer y conversar con Lothar Matthäus era, ciertamente, única.

Llegamos hasta un lujoso hotel spa, de los tantos que hay en la zona del Tirol, en Austria. Allí estaba el 10, vestido completamente de negro, terminando una entrevista con la televisión alemana.

Confieso que me temblaban las piernas, incluso por asegurarnos de que no tuviéramos ningún problema técnico. En algún lugar de mi cabeza siempre juega el prejuicio de que las grandes estrellas, de cualquier especialidad, pueden ser soberbias o poco amables. Tengo que decir que en estos años, por suerte, me ha tocado conocer a muchas, y me han demostrado que estaba completamente errado.

Cuando teníamos todo listo, Lothar se sentó frente a un gran ventanal con un grueso vidrio que nos separaba de una vista inigualable de los pre-Alpes austríacos. Cuando recibí el visto bueno del equipo de producción, comenzamos una charla que se fue haciendo amena desde el primer párrafo.

Comenzamos por su propia historia, ya que Lothar es un bávaro que inició su carrera en el Borussia Mönchengladbach y que no duda en reconocer que es hincha de los Potros.

"Nací en Erlagen, al norte de Nürnberg. En los alrededores sólo había dos fábricas, Adidas y Puma", dice señalándose los zapatos, porque tiene contrato de por vida con esta última.

Vale aclarar que no es casualidad que ambas se encuentren cerca de ese pequeño pueblito. Los hermanos Dassler habían fundado una compañía juntos y, cuando se pelearon en 1947, cada uno creó la suya. Rudolf Dassler fundó Ruda, por su nombre y su apellido. Luego cambió su denominación a Puma. Y Adi Dassler, como se imaginará, Adi-Das.

"Mi familia trabajaba para Puma, que era la empresa que auspiciaba al Mönchengladbach. Por eso me convertí en hincha del Borussia cuando era un chico", confiesa el campeón del mundo.

Esa relación entre su familia y la empresa le abrió una puerta para probarse en el equipo de los Potros y tuvo la suerte de ser seleccionado tras el primer entrenamiento. Así comenzaba la carrera futbolística del único jugador en haber disputado 25 partidos en cinco Copas del Mundo.

Antes de ser profesional, jugaba como mediocampista en el FC Herzogenaurach, el equipo de su pueblo. Décadas más tarde, ya con 50 años, se daría el gusto de disputar un partido más con esa camiseta para poner un broche de oro a una carrera brillante. "Siempre fue mi sueño jugar mi último partido competitivo ahí", admite.

CRIADO DE POTRILLO

Llegar a Gladbach no era una cuestión menor. A finales de los 70 era uno de los equipos más importantes de Europa, habiendo ganado cinco ligas en siete años, dos copas de la UEFA y una Copa de Alemania. Un club al que glorias como Günter Netzer o Jupp Heynckes habían transformado en leyenda.

En 1979, un joven Lothar comenzaría a mostrar sus cualidades. El entrenador era nada más ni nada menos que Heynckes, quien se había hecho cargo del equipo apenas meses después de terminar su carrera como futbolista.

En su primera temporada, participaría en aquella famosa Copa de la UEFA en la que cuatro equipos alemanes se enfrentarían en semifinales, en 1980. El Eintracht Frankfurt derrotaría al Bayern y los Potros harían lo propio con el Stuttgart, llegando ambos a la final.

En aquel duelo, que en esa época era de ida y vuelta, Lothar marcó un tanto en el triunfo por 3 a 2 de su equipo. En la revancha, ganarían las Águilas, llevándose la copa por diferencia de gol.

Nunca lograría ganar un título en Gladbach, pero en su última temporada marcaría dos goles vitales en la Bundesliga, que meterían a su equipo en Europa, y marraría un penal en la definición desde los 12 pasos por la final de la Copa Alemana en 1984.

En el último partido de Lothar de blanco, los Potros caerían frente al Bayern, que era el equipo que lo había contratado. "Es uno de los momentos que quisiera borrar en mi carrera", le confesó a la revista *Kicker*.

"Fue una gran época. Mönchengladbach tenía fama mundial, en aquel entonces, por los grandes jugadores que habían pasado por allí. Cualquier niño, como yo entonces, quería ponerse esa camiseta porque ellos eran los ídolos de toda una generación", recuerda Lothar.

ENTRE BAVIERA Y MILÁN

"A Múnich fui a ganar títulos, y lo hice", cuenta quien alzó siete veces el Meisterschale y tres la Copa Alemana. Fue un paso importante en la carrera de ese mediocampista predecesor del famoso *box-to-box* que tanto se valora hoy en día.

En aquella primera temporada, Lothar jugaría casi la mitad de los partidos en un Bayern que lo ayudaría a lograr su primer objetivo: ser campeón. Y lo repetirían dos veces para terminar siendo tricampeón de la Bundesliga.

En 1987 tendría un amargo final porque el Bayern estuvo a punto de ganar la Copa de Europa, cuya final se jugaba en Viena. Después de ir ganando durante buena parte del encuentro, su rival, el Porto, marcaría dos tantos para quedarse con el ansiado trofeo.

No tardaría en reponerse de aquel golpe porque llegaría un traspaso al que Lothar valoró mucho: se iba a jugar en la Serie A para el Inter de Milán. En aquellos años 80, la liga italiana era la mejor del mundo, incluso por la presencia del que Matthäus consideraría el mejor rival de su carrera deportiva: Diego Armando Maradona.

Sus palabras en televisión, luego de la desaparición física del astro argentino, fueron realmente muy sentidas. Lothar admiraba a Maradona, y viceversa. De hecho, el propio alemán contó cómo emisarios del Nápoli almorzaron con él en Múnich para convencerlo de unirse al equipo del sur de Italia por expreso pedido de Diego.

Para tentarlo, le mostraron un maletín con un millón de marcos alemanes que, reconocería el 10, era el triple de lo que ganaba como jugador del Bayern. Ese dinero no era para ficharlo, sino para asegurarse de que, en caso de jugar en Italia, sólo lo haría en el equipo de Maradona. Lothar agradeció el ofrecimiento, pero no lo aceptó. Y nunca se olvidó del gesto del que, en aquel entonces, era el mejor jugador del mundo.

"Maradona llevó a la Argentina a lo más alto en 1986. Cuando alguien recuerda ese Mundial, menciona a la selección argentina, pero tiene a Diego en la cabeza", reconoce su admirador. Y remata diciendo: "La Argentina no era sólo él, pero en esa Copa del Mundo parecía que había venido de otro planeta. No fue humano".

Y la pregunta que me vino a la mente entonces fue la obvia. ¿Creerá que Alemania podría haber ganado el Mundial si Maradona no hubiera estado allí? "Creo que sí. Beckenbauer (quien era el entrenador), tenía tanto respeto por él que cambió el sistema para ese partido. Fue un gran error que corregimos en el segundo tiempo. Yo tuve que marcarlo, y luego me liberaron para ser más ofensivo, lo que nos hizo mejores", recuerda el capitán.

Aquel 'error' de Beckenbauer también define lo que fue Matthäus. Siendo un mediocampista dinámico, ofensivo, con gol, tuvo que ponerse el traje de trabajo e intentar anular a otro con sus mismas cualidades. En aquel tiempo, la 10 la usaba Felix Magath, pero Lothar jugaba en esa posición. Su versatilidad lo llevaría también a ocupar hasta el puesto de líbero en el final de su carrera, porque los buenos de verdad pueden cumplir cualquier función.

No se preocupe que enseguida regresaremos al brillante paso del 10 nacido en la región de franconia por la selección alemana, pero habíamos quedado en la transferencia al Inter, que llegaría en 1988, gracias a que no aceptó el maletín de los emisarios napolitanos.

En su primera temporada ganaría el Scudetto, y en 1991 lograría levantar el trofeo de la Copa de la UEFA, aportando otra vez, como con el Gladbach, un gol en el partido de ida de la final. El año anterior, incluso, había recibido el Balón de Oro gracias a su impecable actuación tanto en el Inter como en la Copa del Mundo.

En 1992, un Lothar campeón del mundo regresaría al Bayern, en donde algunas lesiones serias no le impedirían seguir ganando la Bundesliga y una vez más la Copa de la UEFA.

Sobre el final de su vida activa, que duró casi dos décadas, fue elegido como el mejor jugador alemán de 1999, cuando ya tenía 38 años. Pasó brevemente por la MLS, en los Estados Unidos, y le puso fin a una carrera estelar que casi no tiene parangones.

LA CARA DE LA SELECCIÓN ALEMANA

Cuando se ponga a mirar hacia atrás, algo que seguramente hace, verá que ha alcanzado números muy difíciles de igualar. Un jugador con una larga trayectoria y títulos obtenidos de principio a fin.

Entre 1982 y 1998 jugó cinco mundiales con su selección, llegando a tres finales y habiendo sido el capitán en Italia, en 1990. Con esa misma camiseta fue campeón de Europa, en 1980, cuando era muy joven, y logró un récord de 150 partidos jugados, incluyendo los 25 mundialistas.

La relación de Lothar con la selección marcó la vida de ambos: "El punto más alto de mi carrera fueron las dos finales que jugamos con la Argentina, en 1986 y 1990". Fue parte de una época de oro de la selección alemana porque también habían llegado a la final en 1982.

Luego de ese triple de finales, pasarían doce años antes de que el equipo teutón volviera a disputar el partido más importante del mundo del fútbol. Alemania es la selección que más veces disputó este encuentro (ocho en total) y Matthäus estuvo presente en más de un tercio de ellas.

Pero entre 1982 y 1990 se produjeron muchos cambios y Lothar compartió equipo con generaciones diferentes del fútbol alemán. Y si bien fueron tres grandes equipos, el de 1990 tenía un extra: "La relación dentro del grupo era especial. Desde el más joven de nosotros hasta el capitán, todos compartíamos un espíritu de equipo pocas veces visto", recuerda.

Como corresponde con la lógica alemana, para el jugador que capitaneó aquel equipo no había una figura rutilante que los llevó al éxito, sino que fue el funcionamiento del conjunto la explicación de todo.

"En 1982 teníamos grandes nombres, pero no éramos un muy buen equipo. Cada uno tenía en la cabeza el éxito individual antes que el colectivo. En 1986 estábamos más unidos, pero no éramos buenos. En 1990, combinamos ambas cosas. Creo que fue una de las razones por las que ganamos la Copa", admite quien fue parte de los tres planteles.

Los récords están para romperse, pero, ¿será posible que alguien vuelva a llegar a esos números? Para Lothar no hay dudas: "Seguramente que alguien lo hará. El fútbol se reescribe cada día", reconoce. Pero, no obstante, sabe que los tiempos han cambiado: "Que un jugador de campo llegue a 6 Mundiales, es casi imposible en el fútbol actual, que es cada vez más rápido y demandante".

Cuando terminó su carrera, tuvo algunas experiencias poco exitosas como entrenador antes de dedicarse en forma permanente a ser lo que en Alemania denominan 'experto', que es alguien que comenta en televisión aquello en lo que tiene mucha experiencia por haberlo vivido.

Lothar es una de las voces autorizadas del fútbol alemán y la gente presta mucha atención a sus columnas semanales. Se puede aportar también desde ese lugar. "Cuando dejas el fútbol, es muy raro que te llegue una propuesta de dirigir a un club grande. Tuve trabajos en el exterior, pero me di cuenta de que es una profesión que te pide mucho tiempo, te presiona muchísimo y afecta tus nervios", reconoce.

Así fue que decidió salir de esa parte del negocio, saltando al otro lado de la pantalla. "Estoy muy ligado al mundo del fútbol, pero tengo mucho más tiempo para mi familia y para mí mismo", admite. Y como es un experto en la materia, vamos a cerrar este último capítulo con su opinión de todo lo que hemos venido contando hasta aquí.

LA BUNDESLIGA SEGÚN LOTHAR

Matthäus viaja desde Hungría, cada semana, a Múnich, desde donde comenta los partidos de Bundesliga para la cadena que tiene los derechos en Alemania. Por todo lo que ha vivido, y por seguirla tan de cerca, es una de las voces más escuchadas cuando habla sobre el fútbol que lo vio nacer.

Su cara se transformó cuando le pregunté si creía que el fútbol alemán estaba en el *top* de Europa: "Vamos, si hablamos de las tres mejores ligas del mundo, la Bundesliga está ahí. No te dejes influenciar sólo por los resultados, hay que analizar todo el contexto".

Precisamente, tomando en cuenta todos los aspectos que componen a una liga, Lothar tiene muchos argumentos para probar su tesis: "Tenemos los mejores estadios. Tenemos el mayor promedio de aforo en toda Europa. Tenemos un equipo, como el Bayern Múnich, que todos los años se destaca en la Champions League..."

Matthäus está convencido de su punto, como muchos alemanes. Ganar este o aquel título en Europa no cambia la percepción que el público tiene por su fútbol. "Es una liga muy interesante de ver. Cualquier equipo del fondo de la tabla puede sorprender a uno que está peleando por el título. La diferencia entre los equipos no es tan grande como en España o en Inglaterra", afirma el 10.

En este punto le asiste la razón. Mucha gente, que no sigue la Bundesliga, mira la foto final y ve que el Bayern ha ganado al menos una de cada dos ligas que disputó. Pero cierto es que algunos títulos los ha obtenido con un gol en el descuento del último partido o simplemente por diferencia de gol.

Una cosa que se le achaca a la Bundesliga es que nunca veremos equipos de superestrellas. "Los alemanes pensamos un poco diferente al resto en este punto. Tenemos una liga que es independiente de inversores, auspiciantes, jeques o deudas con los bancos", afirma sobre este punto.

Ya le he comentado sobre la aversión de los alemanes al endeudamiento y cómo cada uno, en su vida privada, se ocupa de ahorrar para mantenerse lejos de los problemas financieros. Los clubes tienen esto en su ADN. Lothar lo define con una alegoría bien descriptiva: "Tenemos un sistema sano. Hay muchas otras ligas que están enfermas, en las que algunos equipos venden todo, hasta su corazón".

El alemán, por definición, mira el largo plazo. Hay un grupo de trabajo, conformado por la DFL y los clubes, que establecieron objetivos concretos para el año 2030 y empezaron ya a planificar todo para alcanzarlos. "No nos gusta depender de nadie. En Alemania manda el club y los socios, no los jeques", define el campeón alemán.

Pero cierto es que el dominio del Bayern en la Bundesliga es algo que incluso empieza a molestar a los alemanes. Y alguien que vistió esa camiseta, y fue parte de esa historia, conoce las razones de ese dominio: "El Bayern no sólo pelea en Alemania, sino que cada año busca ganar en Europa. Creo que eso no va a cambiar en los próximos años".

La charla fue derivando hacia discusiones más profundas. Dedicamos un capítulo de este viaje a la obra de Guardiola en el Bayern, y sus tiempos también, como vimos, fueron controvertidos. Se hablaba del tiquitaca (así le dicen en Alemania), y de si este estilo de juego de posesiones largas se contraponía con el típico modo de jugar al fútbol verticalmente, al que este país está acostumbrado.

Para Lothar es una discusión sin sentido. "No hay tantas diferencias entre Guardiola y Heynckes", afirma, dado que el primero sucedió al segundo, facilitando la comparación. "Jupp fue mi primer entrenador en Gladbach durante seis años. Tengo una relación personal con él, pero no por eso voy a decir que prefiero su fútbol por sobre el de Guardiola", reconoce.

Para el expupilo de Heynckes las diferencias en el estilo de fútbol son mínimas. "Jupp aprendió mucho de su experiencia internacional y todo eso lo trajo a Múnich. Su Bayern era siempre ofensivo e intentaba dominar al rival. Pero también era así en mi época", afirma el capitán.

En este punto, y más allá de las controversias, que las hubo, concuerdo con él. No hay una única forma de jugar al fútbol ofensivamente, y las diferencias entre Heynckes, Guardiola o, podría agregar, Klopp, están en los detalles.

Terminando la charla con Lothar, le hice una pregunta que me gusta hacerle a todos aquellos que han llegado a hacer cosas importantes en su profesión. Concretamente, se trata de jugar a 'Volver al futuro', tomando la máquina del tiempo para encontrarse con uno mismo, en el comienzo de su carrera.

¿Qué le diría Matthäus a ese joven número 10 que, a finales de los años setenta se ponía la camiseta de uno de los clubes más famosos del momento? "Hay una cosa que siempre le aconsejo a mis hijos: tienen que saber lo que quieren y dar todos los pasos para llegar a ser eso que quieren. No vuelvan atrás, no se dispersen. Vayan en línea recta hacia eso que sueñan ser". Un gran consejo de un tipo que ha llegado a donde muy pocos lo han hecho.

Y así regresamos a Alemania, luego de una charla muy amena. Confieso que jamás imaginé todo lo que vendría después de esta entrevista y la posibilidad que la vida me daría de conocer a uno de mis ídolos muy de cerca. Es una de las tantas cosas que tengo que agradecerle a esta profesión.

HORA DE DESPEDIRME Y SER AGRADECIDO

Se acaba esta historia porque me quedé sin páginas. La verdad, podríamos hacer una enciclopedia completa sobre vivencias del fútbol alemán y este país tan particular que me abrió sus puertas hace una década.

Espero que se haya divertido tanto como yo al escribirlo y, si llegó hasta acá, comprenderá la emoción que me embarga por saber que, de una vez por todas, pude terminar de escribir un libro. Espero que apenas sea el primero.

Pero este sueño no hubiera sido posible si no hubiera recibido un llamado de la editorial con una propuesta tan interesante. Alemania y el fútbol son dos de mis grandes pasiones, y que alguien te proponga escribir sobre lo que llena tu vida es una bendición.

Tengo que agradecer especialmente a todo el equipo que compone la DFL, quienes fueron los artífices de que pudiéramos vivir muchas de estas historias que acabo de compartir.

En este repaso, no puedo dejar afuera a alguien como Felipe McGough, vicepresidente de programación, en aquel entonces, de la cadena Fox Sports. Café de por medio, fui un

día a preguntarle qué podía hacer y me salió con algo que jamás me hubiera esperado: la Bundesliga.

Muchos clubes también participaron en esta obra, ya sea abriéndonos las puertas para conocerlos o permitiéndonos llegar a sus estrellas. A través de ellos conocimos a los hinchas, a los clubes de fans y a las leyendas.

Y, finalmente, no puedo olvidarme de toda la gente como usted que, desde tierras tan lejanas, se apasionaron por el fútbol alemán. Espero haber colaborado un poquito con esa pasión, habiéndole mostrado eso que tanto le gusta, pero desde un par de ojos que ven la vida como usted y ven la vida en español.

Ahora sí, llegó la hora de despedirse. Y voy a hacerlo de la misma manera que lo hice unas 210 veces, al final de cada episodio de *Das Ligahaus*. Era más o menos así: "Como siempre les digo, cuídense y... Auf Wiedersehen".

SOBRE EL AUTOR

Ezequiel Daray es Licenciado en Economía y ha trabajado en medios de comunicación internacionales por más de 20 años, como conductor y productor de programas de televisión, así como en la redacción de periódicos y revistas en Latinoamérica. Nacido en Argentina, está radicado en Alemania hace más de 10 años, creando un concepto para promover el fútbol alemán en Latinoamérica a través de un programa de televisión semanal que se conoció como "Das Ligahaus", emitido por la cadena Fox Sports entre 2016 y 2020.

Actualmente trabaja para la Deutsche Fußball Liga, el ente encargado de la organización y comercialización de la Bundesliga, produciendo historias sobre el fútbol alemán en español para Latinoamérica y los Estados Unidos.

www.ingramcontent.com/pod-product-compliance
Ingram Content Group UK Ltd.
Pitfield, Milton Keynes, MK11 3LW, UK
UKHW062302290726
14090UKWH00017B/843